dtv

3,— e.F
, W30 ⊕

D1727496

Die Kinderpsychoanalytikerin Caroline Eliacheff erregte durch ihre auf sprachliche Mittel vertrauende therapeutische Methode und ihre Heilerfolge Aufsehen: Von therapeutischem Neuland, gar Wunderheilung ist die Rede, vom Säugling, der noch kompetenter ist, als man bisher annahm! Hier gibt sie einen bewegenden Einblick in ihre Arbeit und macht ihren psychoanalytischen Ansatz an ausgewählten Fallgeschichten extrem traumatisierter Säuglinge und Kleinkinder nachvollziehbar. Ihre kleinen Patienten haben Furchtbares durchlitten und zeigen psychosomatische Symptome wie Atemnot, Erbrechen, Hautausschlag, Lungenentzündung, anhaltendes Schreien. Sie, die selbst die Dinge noch nicht aussprechen können, die mit ihnen geschehen sind, lassen statt dessen ihren Körper sprechen. Eingebettet sind die sensibel geschilderten Fallgeschichten in persönliche und fachübergreifende Gedanken der Autorin zu ihrer Heilungsmethode, mit der sie auf die Kraft der Sprache und die Kraft der Kinder baut.

Caroline Eliacheff, geboren 1947, studierte Medizin und Kinderpsychiatrie und anschließend Psychoanalyse bei Jacques Lacan in Paris. Seit 1987 betreut sie in Nachfolge der 1988 verstorbenen Analytikerin Françoise Dolto die Kinder des Säuglingsheims von Antony, einem Pariser Vorort. Caroline Eliacheff ist die prominenteste Vertreterin der sogenannten Dolto-Schule in Paris. Veröffentlichungen u.a. zum Thema Magersucht.

Caroline Eliacheff

Das Kind, das eine Katze sein wollte

Psychoanalytische Arbeit mit
Säuglingen und Kleinkindern

Aus dem Französischen von
Susanne Farin

Deutscher Taschenbuch Verlag

**Ausführliche Informationen über
unsere Autoren und Bücher
finden Sie auf unserer Website
www.dtv.de**

Ungekürzte Ausgabe 1997
12. Auflage 2015
Deutscher Taschenbuch Verlag GmbH & Co. KG, München
Das Werk ist urheberrechtlich geschützt.
Sämtliche, auch auszugsweise Verwertungen bleiben vorbehalten.
© 1993 Editions Odile Jacob, Paris
Titel der französischen Originalausgabe:
À corps et à cris. Être psychanalyste avec les tout-petits
© der deutschsprachigen Ausgabe:
1994 Verlag Antje Kunstmann GmbH, München
ISBN 3-88897-086
Umschlagkonzept: Balk & Brumshagen
Umschlagfoto: gettyimages
Satz: Fotosatz Reinhard Amann, Aichstetten
Gesamtherstellung: Druckerei C.H.Beck, Nördlingen
Printed in Germany · ISBN 978-3-423-35135-5

Danksagung

Zuallererst möchte ich mich bei den Kindern für ihr Zutrauen bedanken, das sie mir während ihrer psychoanalytischen Behandlung entgegenbrachten. Sie haben mich Welten ahnen lassen, die ich bereits aus dem Bewußtsein verloren hatte oder die außerhalb meiner Vorstellung lagen. Ohne sie hätte ich niemals den Mut aufgebracht, meine Empfindungen, meine Phantasie und meinen kulturellen Hintergrund in dieser Weise in meine Arbeit einzubringen. Sie haben mein Interesse an einem Beruf neu belebt, dem ich bereits größte Intensität gewidmet zu haben glaubte. Mein Dank gilt auch den Eltern, die mir die Erlaubnis gaben, unser gemeinsames Abenteuer zu erzählen.

Dem Personal des Säuglingsheims Paul-Manchon in Antony sei dieses Buch ein Beweis meiner Dankbarkeit für das mir erwiesene Vertrauen. Die Säuglingsschwestern, die an den Behandlungen mitwirkten, sollen wissen, wie sehr ich ihre lebendige, diskrete Anwesenheit, wie auch ihren sachkundigen Umgang mit den Kindern zu schätzen wußte.

Ebenfalls danke ich den Psychoanalytikern, die mit stetem Engagement meine psychotherapeutischen Behandlungen begleitet und mir in Augenblicken des Zweifelns und des Nichtverstehens beigestanden haben.

Die freundschaftliche und tatkräftige Mitwirkung von Marianne Hano bei der Organisation der therapeutischen Gespräche war mir eine sehr große Hilfe.

Ich hoffe, daß Lucien Kokh Spuren seiner brillanten Lehrveranstaltungen, besonders seines Seminars über »Die Theorie des Codes« in diesem Buch entdecken wird.

Mein Dank gebührt auch meinen ersten Lesern: M. K., S. A. und S. M., F. G., F. M., H. H., und A. T., deren Ermutigungen und kritische Anmerkungen mich inspiriert und unterstützt haben.

Meinen vier Söhnen

Hinweis

Das Mitteilen von Fallgeschichten wirft ethische Probleme auf, mit denen alle Psychoanalytiker konfrontiert sind.

Ich war bestrebt, jedes Kind und jede Familie mit Achtung zu behandeln und ihre Anonymität zu wahren. Alle Eltern wurden informiert. Doch selbstverständlich vermag ich die Folgen, die eine solche Veröffentlichung langfristig haben mag, nicht abzusehen. Ich kann nur meine Bereitschaft signalisieren, mich damit auseinanderzusetzen.

Inhaltsverzeichnis

Vorwort

> *Wenn ich psychoanalytisch tätig bin, ver-*
> *suche ich: lebendig zu bleiben, in guter kör-*
> *perlicher Verfassung, wach. Ich bemühe*
> *mich, ich selbst zu sein und mich angemes-*
> *sen zu verhalten.*
>
> D. W. Winnicott

Im Januar 1987 erhielt ich einen Anruf. Eine meiner Freundinnen, eine Psychoanalytikerin, teilte mir mit, daß sie vor-
habe, ihre Arbeit im Säuglingsheim von Antony aufzugeben.
Zudem habe sie erfahren, daß ihre Kollegen Psychoanalytiker
außerhalb der Einrichtung suchen würden, denen sie Kinder
unter drei Jahren zur psychoanalytischen Behandlung anver-
trauen könnten. Ob sie ihnen meinen Namen nennen dürfte?

Aus Interesse an allem Neuen sagte ich zu, obwohl ich damals über ein Säuglingsheim[1] kaum mehr wußte, als daß dort
Kinder, die von der *Aide sociale à l'enfance* (im folgenden *ASE*
abgekürzt, die in Deutschland entsprechende Stelle ist das Jugendamt) betreut werden, von ihrer Geburt bis zum Alter von
drei Jahren Aufnahme finden. Auch hatte ich nie zuvor mit
Säuglingen psychoanalytisch gearbeitet.

Schon bald darauf bitten mich einige Leute des Säuglingsheims um einen Termin. Eine Psychoanalytikerin (Martine
Prisker), zwei Psychologinnen (Fanny Beckouche und Dominique Lavergne) sowie die damalige Leiterin kommen zu mir.
Auf ein sachliches (und sicher notwendiges) Gespräch gefaßt,

fühle ich mich überraschend einem regelrechten Examen unterzogen einer Art psychoanalytischer Zulassungsprüfung.
Einige Sekunden überlege ich, ob ich das Gespräch nicht
abbrechen soll, entscheide mich dann aber doch dafür, das
Examen zu bestehen. Es ist einerseits eine schwierige Prüfung, weil sie für mich so unerwartet kommt und auch so hart
geführt wird, andererseits fällt sie mir aber auch wieder leicht,
weil ich nichts anderes darstellen muß als das, was ich bin, beruflich natürlich. Pausenlos stellt man mir sehr präzise Fragen, zwingt mich, meine Position als Psychoanalytikerin und
insbesondere als analytische Psychotherapeutin für Kinder
und Jugendliche zu definieren. Sehr schnell werden mir ihre
Erwartungen deutlich, die mit meinen eigenen Auffassungen
völlig übereinstimmen: der Psychoanalytiker für Kinder und
Jugendliche unterscheidet sich in nichts vom Psychoanalytiker für Erwachsene, ganz unabhängig vom Alter und der
Situation des Kindes. Gerade im speziellen Fall jener Kleinkinder, die infolge familiärer oder sozialer Dramen der ASE
anvertraut wurden und die schwere körperliche und psychische Symptome aufweisen, ist eine klare, abstinente Haltung
von eminenter Bedeutung: Der Psychoanalytiker darf in keiner Weise in das alltägliche Leben eingreifen, auch nicht in
rechtliche oder institutionelle Entscheidungen, die das Leben
des Kindes betreffen. Er darf das Kind nicht außerhalb der Sitzungen, etwa in seiner häuslichen Umgebung, aufsuchen. Er
sollte auch keinen Kontakt zu den Personen haben, die sich
neben ihm um das Kind kümmern. Ebenso dürfen auch die
Personen, die das Kind dem Analytiker vermitteln, keine erzieherischen oder anderen »Ratschläge« bei ihm einholen. Es
ist nicht die Aufgabe des Analytikers, Mitleid zu empfinden,
zu trösten oder Wiedergutmachung zu leisten, er sollte vielmehr die Möglichkeit eröffnen, das Leiden zu symbolisieren.

Er kann die Vergangenheit nicht verändern, und er sollte auch nicht versuchen, Einfluß auf die Realitäten der Zukunft zu nehmen.

Da ich noch nie von der ASE betreute Kinder behandelt habe, spreche ich während des Treffens viel von meiner bisherigen Arbeit. Meine Erfahrung mit hospitalisierten Kindern, die eine schwere körperliche Symptomatik aufweisen, scheint sie zu interessieren: Ungefähr fünfzehn Jahre lang habe ich unter der Leitung von Professor Royer in der Abteilung für Endokrinologie und Wiederbelebung der Enfants-Malades-Klinik gearbeitet. Die Atmosphäre entspannt sich etwas, als ich erfahre, daß sie bereits mit mehreren Psychoanalytikern zusammengearbeitet haben, denen es – wohl unter dem Eindruck der Schwere und manchmal auch Schrecklichkeit der Fälle – nicht gelungen ist, ihre analytische Rolle beizubehalten, vielleicht, weil sie die festgestellten Traumen nicht von den körperlichen Symptomen zu trennen vermochten, die mit dem Fehlen eines adäquaten sprachlichen Ausdrucks für die Traumen zusammenhängen. Wir verabschieden uns beinahe herzlich, allerdings ohne eine Zusage ihrerseits: Man werde, sagen sie, nachdenken und eventuell wieder Kontakt mit mir aufnehmen ... Ich bin körperlich erschöpft und etwas enttäuscht von ihrer Zurückhaltung, denn ich habe das Gefühl, mich wirklich engagiert und ihnen mit größtmöglicher Aufrichtigkeit meine Möglichkeiten und auch meine Grenzen aufgezeigt zu haben.

Zur selben Zeit sah ich Françoise Dolto sehr häufig, denn sie hatte einem langen Filminterview über ihr Leben und ihre Arbeit zugestimmt. Ich berichtete ihr von jenem heftigen und ungewöhnlichen Gespräch und erfuhr, daß sie seit 1973 selbst Kinder aus diesem Heim behandelte. Es war – neben der Maison verte[2] – sogar die einzige klinische Tätigkeit, die sie seit ihrem Ruhestand ausübte. Ihre Sprechstunde hielt sie jeden Freitagvormittag in der Rue Cujas ab, und es waren stets auch andere Psychoanalytiker zugegen. Auf ihre Einladung hin schloß ich mich ihnen an.

Während die Mitarbeiter des Säuglingsheims, nach einer erneuten, weit entspannteren Zusammenkunft, begannen, mir Kinder zu überweisen, nahm ich an den therapeutischen Fallvorstellungen von Françoise Dolto in den letzten zwei Jahren ihres Lebens teil (ihre letzte war am 8. Juli 1988). Es war sicherlich in ihrem Interesse, daß die psychoanalytischen Therapien mit Säuglingen weiter fortgeführt wurden. Dennoch waren ihre Fallbehandlungen nicht allein dazu bestimmt, zukünftige Kinderanalytiker auszubilden. Im Gegenteil, es lag ihr viel daran, daß auch erfahrene Erwachsenenanalytiker (vor allem Männer!) daran teilnahmen. Sie ging nämlich zu Recht davon aus, daß dadurch deren Einfühlung und Verständnis für die Empfindungen verbessert würden, die aus der Säuglingszeit herrühren und im Laufe einer jeden Analyse auftauchen, ohne daß man sie immer genau einzuordnen versteht. Die Analytiker zahlten für diese Weiterbildung und finanzierten damit die Behandlung der Kinder, die somit einmal nicht auf Kosten der Allgemeinheit ging!

Ich meinerseits war sehr erfreut, daß der Zufall die Dinge so gut gefügt hatte: Aus verschiedenen, mir noch unklaren Gründen hatte ich niemals an den Fallbehandlungen von Françoise Dolto im Trousseau-Hospital teilgenommen. Als ich einwilligte, die Kinder zu übernehmen, hatte ich ihre Verknüpfung mit der Geschichte dieses Säuglingsheims noch nicht gekannt und fühlte mich deshalb für diese Tätigkeit allein verantwortlich. Nun aber war ich beruhigt und erfreut, »begleitet« zu werden.

Was geschah aber eigentlich Freitag vormittags in der Rue Cujas? Wir waren ungefähr zu zehnt und bildeten um sie einen Halbkreis, im Gesichtsfeld des Kindes, das so nicht »von hinten« beobachtet werden konnte. Von 9.30 bis 13 Uhr kam, fast ohne Unterbrechung, ein Kind nach dem anderen. Manchmal, aber eher selten, waren auch die Eltern dabei. Dabei handelte es sich nicht um einmalige Fallvorstellungen, wie sie aus der Medizin bekannt sind; von Sitzung zu Sitzung kamen immer dieselben Kinder wieder, bis zum Ende oder Abbruch ihrer Behandlung.

Françoise Dolto zu erleben, wie sie Deutungen gab und ihre Behandlungsart kommentierte, hinterließ, so glaube ich wenigstens, einen (bei aller Unterschiedlichkeit) ähnlichen Eindruck, wie Freud ihn – nach eigenen Beschreibungen – bei den Fallvorstellungen Charcots gehabt hat: »den Geist bereichert wie nach einem Theaterabend«. Was ich als geniale Eingebungen empfand, waren aus ihrer Sicht keine. Stets war sie fähig, sofort zu erklären, warum sie bestimmte Worte zu einem bestimmten Zeitpunkt gesagt hatte. Und sie vermochte immer einen Zusammenhang herzustellen mit ihren theoretischen Positionen, ihrer Kultur, ihrer Phantasie und ihrer sowohl ärztlichen als auch psychoanalytischen Erfahrung mit Kindern und dies zudem auf das von dem Kind gebrachte Material im Hier und Jetzt anzuwenden.

Einmal sagte sie: »Die Gegenwart der Gruppe gibt mir Sicherheit, denn ich habe immer Lampenfieber.« Ich wollte ihr nicht glauben, jedenfalls nicht bis zu dem Tag, an dem ich sie mit einem kleinen Mädchen erlebte, das in jeder Stunde zusammengekauert auf dem Boden hockte, seinen Schmerz herausheulte und durch kein Wort zu besänftigen war: Françoise Dolto war völlig außer Fassung. Sie suchte unseren Blick, unsere physische Präsenz, vielleicht auch unsere Worte.

Sie war außerdem der Ansicht, daß die Entwicklung der Kinder in den öffentlichen Behandlungsstunden schneller voranschritt, obwohl jedes Kind nur alle vierzehn Tage kam. Sie meinte: »Das liegt an der Teilnahme der Öffentlichkeit. Sie enterotisiert die individuelle Beziehung zum Psychoanalytiker.« Ich maß unserer Gegenwart nicht so viel Bedeutung bei und war auch immer noch nicht sehr überzeugt, als sie hinzufügte: »Die Person des Psychoanalytikers ist sekundär, und zwar gerade deswegen, weil er Psychoanalytiker ist.« Heute meine ich, daß ich wohl unrecht hatte. Wenn ich jetzt, mit zeitlichem und auch innerem Abstand darüber nachdenke, hatte ich damals in der Rue Cajas tatsächlich nicht den Eindruck, mich in einem Theater zu befinden, und Françoise Dolto versuchte auch nicht, uns auf Distanz zu halten. Wir wirkten in jeder Sitzung aktiv mit und beeinflußten die Beziehung zwischen dem Kind und der Psychoanalytikerin. Da wir den Kindern räumlich sehr nahe waren, wandten sie sich auch manchmal mit einem Wort oder einer Handlung an einen von uns, und wir antworteten ihnen. Und auch manche Äußerungen Françoise Doltos richteten sich direkt an uns, in Gegenwart des Kindes, ein Beweis, daß sie uns einbeziehen wollte. Daß sie ihre Behandlungen öffentlich machte, war an sich schon sehr lehrreich, aber durch die Einbeziehung in die Sitzungen profitierten wir sicherlich noch mehr. Da wir körperlich anwesend waren, da wir zuhörten, zuschauten und auch, sei es von dem Kind oder von Françoise Dolto, angesprochen wurden, war es für uns nicht möglich, passiv zu bleiben. Wir waren vielmehr gezwungen, mitzufühlen und mitzudenken. Das blieb nicht ohne Wirkung auf den Erfolg der Behandlungen, aber auch wenn der Analytiker allein ist, tritt eine Heilung oft erstaunlich rasch ein.

Françoise Dolto arbeitete gern mit Kindern, da ihre Beziehung zu ihnen nicht durch ihre Bekanntheit belastet wurde. Bei den Kindern mag dies so gewesen sein, bei uns oder dem Personal des Säuglingsheims jedoch keinesfalls. Doch ob wir nun von ihrer »Berühmtheit« beeindruckt waren oder nicht, wir waren uns immer sehr genau bewußt, daß sie nicht irgend jemand war, hatten vielleicht sogar die geheime Hoffnung, sie würde uns »anstecken«. Wie dem auch sei, ich habe mir in diesen beiden Jahren, in denen ich Kinder aus dem Heim therapeutisch betreute und zugleich den Behandlungen von Françoise Dolto beiwohnte, gewissermaßen als »Augenzeuge« eine Kompetenz erworben. Nach ihrem Tod kamen Psychoanalytiker-Kollegen zu mir, um meinen eigenen Behandlungen beizuwohnen, und nun konnte ich selbst erkennen, wie wertvoll mir ihre Teilnahme war.

Bei der ersten Sitzung stellte Françoise Dolto uns jedesmal vor als »Damen und Herren, die wie ich Psychoanalytiker sind und die hier sind, um zu lernen«. Nur ein einziges Mal hat sich eine Mutter geweigert, in unserer Gegenwart zu sprechen. Doch dann, wir waren gerade dabei hinauszugehen, warf sie einen fragenden Blick auf das Kästchen, in das wir das Geld legten. Als sie erfuhr, daß es sich dabei um das Stundenhonorar handelte, akzeptierte sie unsere Anwesenheit, »da sie dafür bezahlt haben«.

Unabhängig vom Alter des Kindes begann Françoise Dolto jede Sitzung mit: »Was hast du mir heute zu sagen?« oder »Was gibt es Neues von der Familie?« Während sie den aktuellen Neuigkeiten zuhörte, die die Säuglingsschwester oder das Kind berichteten, versuchte sie herauszufinden, in welcher Beziehung diese zum Vergangenen stehen könnten. Dem Kind stand nur ein sehr karges Spielmaterial zur Verfügung: Farbstifte, Papier, Knete, eine kleine Kette, ein Holzstab, ein Buttermesser, eine Babyflasche, eine Pfeife und eine Schere.

Zudem hatte Françoise Dolto noch eine Rasierklinge und ein kleines, scharfes Taschenmesser in der Tasche, das sie dazu benutzte, die Farbstifte zu spitzen, und zwar so lange, bis das Kind selbst voll Stolz dazu fähig war, diese zu verwenden, ohne sich damit zu verletzen.

Die Begleitperson des Kindes, die *maternante*, eine Säuglingsschwester[3], durfte dem Gespräch ebenfalls beiwohnen. Meist waren dies sehr junge Mädchen, die am Anfang der Sitzung über das Verhalten des Kindes Auskunft gaben, über die eventuell in der Zwischenzeit aufgetretenen Symptome oder über äußere Ereignisse, die für das Leben des Kindes von Bedeutung waren (Besuche oder Anrufe der Eltern, gerichtliche Entscheidungen). Wenn das Kind aus körperlichen (etwa weil es noch nicht sitzen konnte) oder psychischen Gründen nicht allein bleiben konnte, blieb die Säuglingsschwester. Auch konnte sie bei Gelegenheit ins Gespräch eingreifen, sei es, um auf eine Frage zu antworten, sei es, weil sie ein Wort oder das Verhalten des Kindes an etwas erinnerte, was sie zu erwähnen vergessen hatte. Sie wurde aber niemals – weder vor noch während der Sitzung – über die Symptome des Kindes befragt.

Françoise Dolto maß der Anwesenheit der Säuglingsschwester bei den Gesprächen eine große Bedeutung bei, solange ein Kind noch nicht wußte, was eine »Mama« war. Da diese für das Kind die Bezugsperson repräsentierte, war die gegenwärtige oder vergangene Verbindung zu ihr ein Garant für ein ganzheitliches, nicht beschädigtes »inneres Objekt«; sie blieb symbolisch gegenwärtig, um das Kind zu schützen und ihm zu ermöglichen, seine körperliche Ganzheit und Unversehrtheit zu bewahren. Denn auch wenn das Kind ohne allzu großen Schmerz in eine Trennung von ihr einwilligte, blieb sie immer noch präsent: Ein Junge von drei Jahren zum Beispiel, der offensichtlich genau wußte, was eine Mutter und auch eine Frau war, hatte große Schwierigkeiten, in das Therapiezimmer zu kommen. Er mußte nämlich seine »Ersatzmutter« im Warteraum mit Pascal zurücklassen (einem charmanten jungen Mann, der die Kinder empfing und hineinführte) und stellte sich vor, sie würden seine Abwesenheit ausnutzen und sich abknutschen!

Im Laufe des Jahres 1988 verschlimmerten sich die Atembeschwerden von Françoise Dolto. Ausgestattet mit einem mächtigen Sauerstoffgerät, mit dem sie durch eine »Nasenbrille«, wie sie es nannte, verbunden war, führte sie, trotz Müdigkeit und zeitweiliger Übelkeit, ihre Tätigkeit voller Energie und Freude bis zu den Ferien fort; wir aber wußten schon, daß es in der Rue Cujas keine psychoanalytischen Fallbehandlungen mehr geben würde.

Auch Babys haben eine Sprache

Die ersten Jahre des Lebens sind wie die
ersten Züge einer Schachpartie, sie geben
den Verlauf und den Charakter der Partie
vor, aber solange man nicht schachmatt ist,
bleiben noch viele schöne Züge zu spielen.

Anna Freud

Das Wort ist im Grunde eine Gabe der
Sprache, und die Sprache ist nicht imma-
teriell. Sie ist ein subtiler Körper, aber sie ist
Körper. Die Wörter sind in allen körperli-
chen Bildern enthalten, die das Subjekt be-
setzen.

Jacques Lacan

Säuglinge, die der ASE anvertraut werden, haben meist ein
familiäres Unglück, eine mehr oder weniger schwere Trennung erleben müssen. Dieser Bruch drückt sich in ihrem Alter
in funktionellen Störungen aus, oder, wie Denis Vasse sagt:
»Sie sprechen eine ›Organsprache‹, die nur deshalb organisch
ist, weil sie sich nicht in Worten ausdrücken kann.«[1]

Wie man den Worten eines Patienten zuhört oder dem
Zeichnen eines Kindes zuschaut, so kann man auch dem
Funktionieren eines Organismus zuhören: In ihm zeigt sich
das Unbewußte des Menschen, der die Symptome produziert,
und es spiegelt sich dessen Erfahrung wider.

Wenn man als Analytiker einem Säugling zuhört, sind alle Sinne auf Empfang gestellt, schwingen in der Stille des Selbst. Dieses Mitschwingen (wie auch die freischwebende Aufmerksamkeit) sollte von jeder Wertung frei sein, schließt aber die Phantasietätigkeit keineswegs aus, sondern bezieht sie ein; nur deren Freisetzung nämlich erlaubt die »Übersetzung« eines zunächst unverständlichen Empfindens (Dies ist übrigens genauso in den ersten Analyse-Sitzungen eines Erwachsenen, beim Betrachten eines Kinderbildes oder bei der Erzählung eines Traums)[2]. Wenn ich »übersetze« (das heißt: Worte finde), erzeuge ich gewissermaßen Untertitel. Wie im Kino geben sie den allgemeinen Sinn wieder, wobei allerdings der Wortreichtum verlorengeht. Für jene, die beide Sprachen sprechen, mag das sehr irritierend sein. Untertitel sind aber in jedem Fall der Synchronisation vorzuziehen, da diese die Originalsprache auslöscht, die man, selbst wenn man sie nicht versteht, doch gern hören möchte.

Die psychoanalytische Behandlung eines Säuglings bietet vor allem die Möglichkeit, ihm den Grund für die Trennung mitzuteilen und das, was er erlebt, in Worte zu fassen. Alles Nicht-Gesagte nämlich bewirkt einen Bruch im Symbolisierungsprozeß, einen Bruch, der sich in der allerersten Zeit vor allem in körperlichen Symptomen äußert.

Die Worte werden direkt an den Säugling gerichtet, um ihn als Subjekt zu bezeichnen und ihm die Möglichkeit zu bieten, seinen Körper zu besetzen: Es geht also nicht darum zu trösten, und noch weniger darum, Wiedergutmachung zu leisten. Vielmehr wird das Leiden symbolisiert, indem man die Geschichte des Kindes neu faßt, durch die Verknüpfung mit seinen Ursprüngen seine Identität festigt und ihm ermöglicht, seine Rechte als Subjekt wahrzunehmen. Der Analytiker sollte deshalb das Kind auch nicht berühren, sondern nur mit ihm sprechen.[3]

Olivier, die Lunge auf der Haut

Ich sehe Olivier zum erstenmal im Alter von zweieinhalb Monaten, er wird begleitet von einer Betreuerin der ASE und einer Säuglingsschwester. Ich stelle mich vor. »Ich heiße Caroline Eliacheff, und ich bin Psychoanalytikerin. Du kommst zu mir, weil das Säuglingsheim möchte, daß wir gemeinsam zu verstehen versuchen, was nicht so gut geht.« Darauf berichtet mir die Betreuerin in Anwesenheit von Olivier seine Geschichte:

Olivier kam mit zwölf Tagen ins Säuglingsheim. Die Mutter, zum xten Mal schwanger, traf bereits während der Schwangerschaft die Entscheidung, anonym zu gebären[4] und das Kind zur Adoption freizugeben. Zur Fürsorgehelferin sagte sie, daß sie nicht noch ein Kind aufziehen könne und daß sie ihm eine bessere Zukunft wünsche. Als die Wehen einsetzten, reichte die Zeit nicht mehr, um ins Entbindungsheim zu kommen, und so brachte sie ihr Kind im Krankenwagen zur Welt. Bevor man das Kind von ihr trennte, zeigte man es ihr. Sie verließ das Entbindungsheim nach vierundzwanzig Stunden, weil sie das Weinen der anderen Babys nicht ertragen konnte, rief aber jeden Tag an, um sich nach dem Befinden ihres Sohnes zu erkundigen. Als Olivier für drei Monate ins Säuglingsheim verlegt wurde, dem gesetzlich vorgeschriebenen Zeitraum, bis er offiziell adoptiert werden durfte, bat die Mutter um eine Unterredung mit der Fürsorgehelferin, um dieser ihre sehr genauen Wünsche bezüglich der zukünftigen Adoptivfamilie mitzuteilen.

Über den Vater weiß man nichts, außer daß er auch der Vater der anderen Kinder der Mutter ist.

Die ersten vier Wochen hat sich Olivier sehr gut entwickelt. In der fünften Woche jedoch hat sich sein körperlicher Zustand rapide verschlechtert, was, nach einer medizinischen Untersuchung, auch der Grund für das Gespräch ist: Auf dem Gesicht und der Kopfhaut sind riesige schorfartige Ekzeme und Schuppen aufgetaucht; zudem beeinträchtigt eine starke Verschleimung der Bronchien seine Atmung, so daß sowohl beim Einatmen als auch beim Ausatmen ein Geräusch zu hören ist. Fieber hat er aber keines.

Ich betrachte Olivier, der mich ebenfalls anschaut. Er befindet sich in einem beklagenswerten Zustand. Entstellt durch die Veränderung seiner Haut, äußerst mühsam atmend, beginnt er zu weinen. Während er weint, erzählt mir die Erzieherin, daß das Personal des Entbindungsheims und dann auch das Personal des Säuglingsheims einen so guten Eindruck von der Mutter gehabt hatten, daß alle dachten (wünschten), sie würde ihre Entscheidung rückgängig machen. Niemand aber habe etwas gesagt. Bei einer Besprechung hätten die Säuglingsschwestern darüber geredet und festgestellt, daß sie sich wohl getäuscht haben. Unmittelbar nach dieser Besprechung sei Olivier krank geworden, obwohl er nicht dabei gewesen war.

Ich habe bis zu diesem Zeitpunkt noch nichts gesagt, ich habe zugehört, Notizen gemacht, Olivier angeschaut, der mich auch angeschaut und geweint hat. Am Ende des Berichts über sein kurzes Leben weint er nicht mehr, und ich wende mich direkt an ihn: »Du hast eine sehr gute Mutter, die viel Mut hat: sie weiß, daß sie dich nicht so aufziehen kann, wie sie es gerne hätte, und sie hat deswegen eine Entscheidung getroffen, von der sie glaubt, daß sie richtig für dich ist: sie

möchte, daß du in einer anderen Familie aufwächst, die deine
Adoptivfamilie sein wird. Die Leute, die sich zur Zeit um dich
kümmern, haben, ohne es dir zu sagen, gehofft, daß deine
Mutter ihre Meinung ändern wird. Und vielleicht haben sie
dich das gleiche hoffen lassen. Sie sind sich nun darüber klargeworden, was für eine gute Frau deine Mutter ist: Was sie gesagt hat, ist wahr. Sie will zu deinem Besten, daß du in einer
anderen Familie aufwächst, die du annehmen wirst. Sie hat
sich gewünscht, daß diese Familie nicht die gleiche Hautfarbe
hat wie du, der du eine schwarze Haut hast. Es ist noch nicht
klar, ob dies der Fall sein wird. Aber du mußt deswegen nicht
deine Haut ändern. Du wirst immer der Sohn des Mannes
und der Frau sein, die dich gezeugt und empfangen haben,
deiner leiblichen Eltern, die in dir bleiben werden. Auf Wiedersehen, bis zur nächsten Woche.«

Eine Woche später kommt die Säuglingsschwester, die Olivier seit seinem Eintreffen im Säuglingsheim betreut, mit
dem Baby auf dem Arm wieder. Auf den ersten Blick bemerke
ich, daß seine Haut völlig geheilt ist, was mich sehr überrascht. Ich sage nichts dazu, die Säuglingsschwester auch
nicht. Seine Atmung jedoch ist noch viel geräuschvoller als
vorher geworden, so daß der Internist weitere Untersuchungen durchführen möchte. Während die Säuglingsschwester
zu mir spricht, schläft Olivier ein, wobei er ebenso lautstark
weiteratmet. Sie erzählt mir, daß er sehr heftig schreie, seine
Fläschchen sehr schnell trinke, daß er gut mit den Augen folge
und sie, nachdem er seine Flasche getrunken habe, anlächle.
Und sie informiert mich darüber, daß in nächster Zeit ein erstes Treffen des Familienrats *(conseil de famille)*[5] stattfinden
soll, da die Mutter ihre Entscheidung letztlich nicht rückgängig gemacht habe. In diesem Augenblick öffnet Olivier seine
Augen, sein Blick ist vage, dann schläft er wieder ein, wobei er

genauso stark atmet, aber dieses Mal durch den Mund. Ich spreche zu ihm und streiche ihm dabei, durch seine Kleidung hindurch, über den Nabel[6]: »Als du im Bauch deiner Mutter warst, hast du nicht geatmet. Deine Mutter ernährte dich durch die Plazenta, mit der du durch die Nabelschnur verbunden warst. Diese Nabelschnur war hier, wo meine Hand liegt; sie wurde bei deiner Geburt abgeschnitten. Was ich jetzt berühre, nennt man Nabel, es ist die Narbe dieses Schnitts. Als du geboren wurdest, hast du geatmet, die Nabelschnur ist abgeschnitten worden, und du wurdest von deiner Mutter getrennt, da sie es so entschieden hat. Du atmest vielleicht deswegen schlecht, weil du deine Mutter vor der Trennung wiederzufinden hoffst, als du noch in ihr warst und nicht geatmet hast. Wenn du dich aber entschieden hast zu leben, kannst du nicht leben, ohne zu atmen. Deine Mutter von damals hast du in deinem Innern, in deinem Herzen. Du bist nicht, weil du geatmet hast, von ihr getrennt worden, und du wirst sie auch nicht dadurch wiederfinden, daß du nicht mehr atmest.«

Ich spreche zu dem schlafenden Olivier nur einige Minuten. Nach und nach verstummt das Nebengeräusch seines Atmungsapparats. Als ich aufhöre zu reden, bemerke ich sehr bewegt und auch erstaunt, daß er durch die Nase atmet, daß seine Atemwege frei sind und kein anderes Geräusch zu hören ist als der Lufthauch. Ich verspüre das Bedürfnis, der Säuglingsschwester dies mitzuteilen und auch von ihr bestätigen zu lassen, so, als traute ich meiner eigenen Wahrnehmung nicht (oder anders gesagt: als traute ich meinen Ohren nicht).

Im Monat darauf erfahre ich, daß Olivier seither keinerlei Atembeschwerden mehr gehabt hat. Eine Adoptivfamilie wurde ausgewählt, und die erste Begegnung ist bereits vereinbart: Olivier ist gerade drei Monate und eine Woche alt.

Als ich diese Beobachtung (eine meiner ersten) niederschreibe, kehren meine Gedanken, meine Gefühle, meine körperlichen Wahrnehmungen vollständig wieder: meine Zweifel zu Anfang der Behandlung, ob ich fähig sein würde, Oliviers Symptomen einen Sinn zuzuordnen, ein »Praktiker der symbolischen Funktion« zu sein, wie es Lacan nennt, und nicht ein einfacher Symptomheiler (eine ziemlich schwierige Sache, denn wenn die Theorie auch die allgemeinen Prinzipien für das Verständnis des Unbewußten liefert, so ist doch jede Sitzung wie die erste); die ungeheure körperliche und psychische Anspannung, in der ich mich beim Gespräch befinde; der Versuch, das in Worte zu fassen, was der Bericht seines Lebens in mir auslöst, wobei ich die Gewißheit spüre, daß er mich versteht; die Müdigkeit, das Gefühl der Leere, das mich nach der Sitzung befällt; die allgegenwärtige Erinnerung an Françoise Dolto, die mit ihrem Atmungsgerät weiter Kinder behandelte, die so nah dem Tod war und doch so lebendig. Auch eine Trennung.

Die Mutter von Olivier hat ihm auf ihren Wunsch hin das Leben geschenkt. Die gewollte, vorprogrammierte Trennung der Körper, die in der Enge des Krankenwagens und nicht im Krankenhaus stattgefunden hat, sowie die gute Bemutterung in der Klinik haben ihm Gestalt gegeben und ihn zu einem gewünschten Subjekt gemacht. Das Personal des Säuglingsheims hat diese positive Einschätzung aufgrund der Erwartung nicht aufrechterhalten können, die die Mutter bei ihm geweckt hat, und wegen seiner nur zu verständlichen Vorstellung von einer *guten Mutter* (die ihr Kind eben nicht weggibt). Als die Säuglingsschwestern sich schließlich ihre Gedanken mitteilen, müssen sie feststellen, daß sie ihren Wunsch für Realität gehalten haben. Olivier zeigt daraufhin eine Veränderung der Haut (die durch keine medizinische Diagnose erklärt werden konnte). Er vermittelt mir den Eindruck, daß er sich dem mütterlichen Wunsch äußerlich anpaßt: nämlich von einer Familie mit einer anderen Hautfarbe als er selbst adoptiert zu werden, mit der er sich dann identifizieren kann.

Es ist bekannt, daß kleine Kinder glauben, die gleiche Hautfarbe zu haben wie die erste Person, die sich um sie gekümmert hat. Doch damit Olivier auf gesunde und nicht regressive Weise einen neuen Vater und eine neue Mutter annehmen kann, muß er wissen, daß sein leiblicher Vater und seine leibliche Mutter (als archaische Elternbilder) in ihm, für immer in seinem Körper sind.

Solange die Säuglingsschwestern dachten, die leibliche Mutter würde zurückkommen, hat Olivier, der mit ihnen eng verbunden war, nicht die Leere gespürt, die jede Trennung von der Mutter entstehen läßt. Aber von dem Augenblick an, wo sie diese Leere zur Kenntnis nahmen, versuchte Olivier seine körperliche Ganzheit wieder so herzustellen, wie er sie von damals her kannte, als er noch nicht allein war – vor seiner Geburt, bevor seine Lunge die Plazenta ersetzt hat (das Organ, das in dieser Zeit den Austausch mit dem Außenbereich gewährleistet) und bevor die Nabelschnur durchschnitten wurde, was immer eine Trennung der Körper bedeutet. Für ihn bedeutete sie aber auch, daß er niemals mehr mit diesem Körper auf andere Weise verbunden sein wird als in ihm selbst. Das Versprachlichen dieses Schnitts wird – das hoffe ich jedenfalls – Olivier ermöglichen, sowohl in seinem Körper als auch in Beziehung zu einem anderen zu leben.

Zoé, ein Mangelsyndrom

Zoé ist drei Monate alt. Nach kurzem Bekanntmachen berichtet mir die für die Abteilung verantwortliche Kinderpflegerin[7] folgende Geschichte:

Zoé wurde unter X (d. h. anonym) geboren. Ihren Vornamen hat das Personal des Entbindungsheims ausgewählt. Da die leiblichen Eltern ihre Entscheidung nicht in der gesetzlich vorgeschriebenen Zeitspanne zurückgenommen haben, ist sie seit einigen Tagen zur Adoption freigegeben.

Bei der Geburt wog sie 3150 Gramm. Ihre Mutter hat sie nicht gesehen, da die Geburt unter Vollnarkose stattfand und das Kind ihr auf ihren Wunsch danach auch nicht gezeigt wurde. Vater und Mutter sind HIV-positiv. Die Mutter hätte die Möglichkeit gehabt, das Kind abzutreiben, da sie aidsinfiziert ist, hat dies aber nicht getan. Außerdem erfahre ich, daß diese Frau bereits mehrere Schwangerschaftsabbrüche hatte, bevor sie ihr erstes Kind bekam, und zwei Schwangerschaftsabbrüche, bevor sie mit Zoé schwanger wurde. Sie ist heroinabhängig und hat während der ganzen Schwangerschaft Heroin gespritzt. Daher hat Zoé kurz nach der Geburt starke Entzugserscheinungen gehabt und mußte entwöhnt werden. Auch sie ist HIV-positiv.

Zoé kam mit achtzehn Tagen aus dem Entbindungsheim, wo sie bis zur Entwöhnung von der Droge geblieben war, ins Säuglingsheim. Zu Anfang fanden die Säuglingsschwestern sie sehr vital, sie trank auch gut ihre Fläschchen. Mit fünf Wochen aber atmete Zoé nach dem Baden für einen Augenblick nicht mehr, lief blau an und wurde schlaff. Als ihre Säuglingsschwester sie schüttelte, atmete sie wieder und schlief ein. Wegen dieses beunruhigenden Ereignisses wurde sie für ungefähr zehn Tage zur Beobachtung in ein Krankenhaus eingewiesen, da man fürchtete, sie könnte den plötzlichen Kindstod sterben. Bei ihrer Rückkehr hatte sie einen wunden Po, und die Säuglingsschwestern mußten, um sich nicht anzustecken, bei der Körperpflege zum erstenmal Handschuhe tragen, was für sie »den Kontakt nicht gerade erleichterte«. Zoés Verhalten hatte sich sehr verändert, da sie nun viel schlief, niemals nach ihrer Flasche verlangte, aber doch gut trank und langsam an Gewicht zunahm.

Der Grund für die therapeutische Behandlung ist ein hartnäckiger Durchfall, der sich medizinisch nicht heilen ließ und die Wundheit der Haut im Windelbereich noch verschlimmerte.

Zoé liegt ganz kraftlos in den Armen der Säuglingsschwester. Es gelingt mir nur mit Mühe, einen ausdruckslosen Blick von ihr aufzufangen, da ihre Oberlider beinahe vollständig über ihre Augen hängen.

Der Bericht, den ich soeben gehört habe, läßt mich ziemlich ratlos zurück: Es ist das erstemal, daß ich mit einem aidsinfizierten Baby zu tun habe, und außerdem habe ich über die möglichen Auswirkungen des Aidsvirus bei einem Säugling lediglich journalistische Kenntnisse. Auch bereitet es mir Schwierigkeiten, mir die Eltern vorzustellen, ohne ein Urteil über sie zu fällen. Das erschwert, Zoé wirklich zuzuhören. Da aber fällt mir ein, daß Durchfall häufig ein Entzugssyndrom ist. Nun kann ich mit Zoé sprechen: »Du kommst zu mir, damit wir gemeinsam zu verstehen suchen, warum du einen Durchfall hast, den die Ärzte nicht heilen können. Dieser Durchfall kommt von deiner Mutter, die dich niemals angesehen hat. Als du in ihrem Bauch warst, hat deine Mutter Drogen genommen, und du hast sie auch genommen. Als du geboren wurdest, haben deine Eltern für dich entschieden, daß du in einer anderen Familie, einer Adoptivfamilie aufwachsen

sollst. Sie sind mit einem Virus angesteckt, der sehr krank machen kann, und man weiß nicht, ob sie noch lange leben werden. Du bist deiner Mutter und auch der Droge entzogen worden, die sie eingenommen hat. Man hat dich gut gepflegt, was
den Drogenentzug angeht, aber vielleicht nicht was den Entzug der Mutter betrifft. Ich glaube, daß du unter dem Entzug
deiner Mutter leidest, und würde dich gerne wiedersehen.«

Zoé hat, während ich zu ihr sprach, mühsam ihre Lider geöffnet; sowie ich schwieg, sind ihre Augen wieder zugefallen.
Wegen der Sommerferien fand die nächste Begegnung erst
zwei Monate später statt.

Zoé ist nun fünf Monate alt. Die Säuglingsschwester findet, daß es ihr schon viel besser geht. Sie spricht nicht vom
Durchfall, und ich stelle keine Fragen. Zoé, so berichtet die
Säuglingsschwester, lächle, interessiere sich für die äußere
Umgebung und halte gut ihren Kopf. Ich dagegen nehme ein
kleines mattes Mädchen wahr, mit leerem Blick, das sich nicht
bewegt und keinerlei Interesse zeigt, als ich mich um seine
Aufmerksamkeit bemühe, zu ihm spreche, ihm Dinge zeige
und es Musik hören lasse. Zoés Hände sind warm, aber unbeweglich, ihr Blick nimmt keinen Kontakt auf. Ich erzähle ihr,
was ich von ihrer Geschichte und der ihrer Eltern weiß; doch
erst als ich das Wort »leibliche Mutter« ausspreche, betrachtet
sie mich und versucht etwas den Kopf zu heben. Ich überlege
mir gerade, die Sitzung abzubrechen, als sie sehr heftig zu
weinen beginnt. »Ich denke, du weinst, weil sich im fünften
Schwangerschaftsmonat deiner leiblichen Mutter etwas ereignet hat. Ich weiß nicht, was da passiert ist, du solltest es wissen,
aber du wirst niemanden fragen können, denn du wirst deine
leibliche Mutter niemals wiedersehen. Vielleicht war es zu diesem Zeitpunkt, daß deine Mutter am stärksten daran gedacht
hat, dich abzutreiben ... Aber nun, da du da bist, kannst du

dich entscheiden, wirklich zu leben!» Zoé hört auf zu weinen, schließt die Augen, und ich sage ihr auf Wiedersehen.

Einen Monat später ist Zoé viel wacher, vom Muskeltonus her gespannter, sie schaut mich direkt an und lächelt, wenn ich mit ihr rede. Ihre Augenlider wirken, als seien sie nun weniger schwer zu heben, und ihr Blick ist lebendiger. Ihre Betreuerin findet, daß es ihr sehr gut geht. Ihr Po ist nicht mehr so wund, man kann sie nun berühren, ohne Handschuhe zu tragen. Bei der letzten Untersuchung war sie HIV-negativ. Die ASE hat die Entscheidung getroffen, mit einer Adoptivfamilie Kontakt aufzunehmen, obwohl beim heutigen Stand des Wissens nicht völlig auszuschließen ist, daß der Aidsvirus später wieder auftritt. Ich spreche daher mit Zoé über ihre zukünftige Adoptivfamilie, die schon seit langem an das Kind denkt, das sie bei sich aufnehmen will, aber noch nicht weiß, daß es sie, Zoé, sein wird. Auch sie könne an ihren Adoptivvater und ihre Adoptivmutter denken, die sie noch nicht kennt.

Zwei Monate später, mit acht Monaten also, wird Zoé von einem Paar adoptiert, das über die Vergangenheit der leiblichen Eltern und auch über Zoés Geschichte, seitdem sie auf die Welt gekommen ist, unterrichtet wurde. Man hat ihnen meinen Namen gesagt, und sie haben die Möglichkeit, wenn sie es wünschen, mit mir in Kontakt zu treten, was sie wenig später auch tun.

Da die Mutter unter Vollnarkose entbunden hat, war sie abwesend, als die Nabelschnur durchgeschnitten wurde. Und da sie darum gebeten hatte, daß man ihr das Kind nicht zeige, hat sie es nicht in seinem Geschlecht erkannt und ihm auch keinen Namen gegeben. Allein darin drückt sich schon das Fehlen des Wunsches aus, daß es leben möge. Unter Narkose stehend, hat die Mutter den Nährfaden weder unterbrochen noch ge-

knüpft. Zoé wurde von ihr physisch nur unzureichend getrennt (die Droge wirkt noch in ihr nach), und eine symbolische Trennung konnte sich überhaupt nicht vollziehen, da
keine Namensgebung stattgefunden hat[8].

Der Atemstillstand nach dem Bad im Alter von fünf Wochen, auf den eine Veränderung des Verhaltens folgt (wobei
man natürlich den darauffolgenden Krankenhausaufenthalt
nicht außer acht lassen darf), zeigt, daß Zoé in jenem Stadium
weder leben noch sterben kann. Sie scheint in ihrem Körper
das zu wiederholen, was sich bei ihrer Geburt vollzogen hat:
Das Heraustreten aus dem Wasser (die Geburt) führt sie in ein
Nicht-Leben (der Atemstillstand). Einige ihrer Körperöffnun-
gen (ihr Auge für die Sinne, ihr Mund und ihr Anus für die
Schließmuskeln) spezifizieren sich nicht in einer symbolisie-
renden Funktion: Ihre Lider heben sich genausowenig wie die
einer Mutter, die sie niemals angeschaut hat, und bezeichnen
damit das Fehlen der Bezugnahme auf den anderen; der Ver-
dauungsapparat bleibt offen: Sie leert die Fläschchen, die
man ihr anbietet, fordert sie aber nicht ein und entleert sich
durch den Anus. Zoé hat den Entzug der Droge überlebt, sie
kann aber den Entzug einer Mutter, die ihr weder durch ihr
Wort noch durch ihren Wunsch das Leben gegeben hat, nicht
symbolisieren.

Mit fünf Monaten vermag Zoé, offensichtlich unterstützt
von dem Lebenswunsch der gesamten Abteilung des Säuglingsheims, das, was an Lebendigem in ihr ist, auf die Schwester zu übertragen. Der Gegensatz zwischen der Beschreibung
der Säuglingsschwester und dem, was ich beobachte, macht
mir deutlich, wenn dies überhaupt noch notwendig war, daß es
sich um eine *Sitzung* handelt: In der Übertragung mit dem
Analytiker muß der Bruch wiedererlebt werden. Doch zu jenem Zeitpunkt macht Zoés Verhalten keinen Sinn für mich.

Ich greife, als ich mich an sie wende, das auf, was in der Patientenakte steht, und ich bin ziemlich unzufrieden mit meinem Nicht-Verstehen. Ihre Tränen rütteln mich auf und lassen mich plötzlich denken, daß mir Zoé, so wie sie vor mir liegt, den Ursprung des Bruches im Alter von fünf Monaten zeigen will. Françoise Dolto hat uns gelehrt, uns bei jedem Symptom, das zwischen der Geburt und dem neunten Monat auftritt, zu fragen (und wenn möglich auch die Eltern zu fragen), was im selben intrauterinen Alter geschehen ist.

Diese Frage habe ich Zoé in bezug auf ihre Geschichte gestellt: Es ist möglich, daß die Mutter, als Zoé in ihrem Bauch fünf Wochen und/oder fünf Monate alt war, versucht war oder daran gedacht hat abzutreiben, und daß die Geschichte des »plötzlichen Kindstods« mit fünf Wochen sowie die unglaubliche Kraftlosigkeit mit fünf Monaten in meiner Gegenwart die Reaktualisierungen dieser Erlebnisse gewesen sind.

Eine Deutung jedoch läßt sich nicht geben, wenn das Verhalten des Kindes durch einen Dritten berichtet wird, sondern nur, wenn es *vom Kind* in der Sitzung gezeigt wird. Es würde die therapeutische Behandlung negativ beeinträchtigen, wollte man das Kind auf die Wirklichkeit des institutionellen oder erzieherischen (oder auch familiären, wenn das Kind bei seinen Eltern lebt) Lebensbereichs einschränken. Allein das Erleben in der Übertragung befähigt zur Formulierung einer Deutung für das Kind. Deshalb werden auch die Säuglingsschwester (oder die Eltern in anderen Situationen) niemals über das Bestehen oder die Entwicklung eines Symptoms befragt. Was sie in bezug auf den Körper des Kindes oder sein Verhalten im täglichen Leben für wichtig erachten, wird im Beisein des Kindes gesagt und in der Patientenakte aufgeschrieben (es hinterläßt also eine schriftliche Spur), aber es darf unter keinen Umständen auf das Kind angewandt wer-

den, bevor es nicht auf die eine oder andere Weise *selbst* davon
sprechen möchte. Ein andere Sache ist es jedoch, wenn die
Säuglingsschwester Informationen mitteilt, die sich auf den
sozialen Status des Kindes oder seiner Eltern beziehen (z. B.
Adoption, Unterbringung, gerichtliche Entscheidung). In diesem Fall hat die direkte Mitteilung der Entscheidungen, die
das Kind in seinem Körper und seiner Beziehung zur Gesellschaft betreffen, die Funktion, es zum Subjekt dieses Diskur-
ses zu machen (das heißt, es in die Entscheidungen miteinzu-
beziehen) und ihm die daraus resultierenden Folgen aufzuzei-
gen.

Fleur, das Kind aus dem Müllsack

An einem ziemlich kühlen Tag wurde ein kleines Mädchen
von einem Mann in einem öffentlichen Park gefunden. Es be-
fand sich in einem Plastikmüllsack und war in ein rosa Lein-
tuch eingewickelt. Eine Frau trug es zum Polizeibüro, von dort
brachten es Polizisten ins Krankenhaus. Seine Temperatur
war 35,5°, es wog 2600 Gramm. Es hatte einen Bruch des linken Schlüsselbeins, die Nabelschnur war ordnungsgemäß ab-
getrennt worden, und die Ärzte waren der Ansicht, daß es
höchstens einige Tage alt war. Sie gaben ihm den Namen
Fleur. Dreizehn Tage, nachdem es gefunden wurde, kam das
Mädchen ins Säuglingsheim.

Zu Beginn ging es ihr, zur allgemeinen Überraschung, sehr
gut. Gesetzlich wurde sie als Mündel des Staates anerkannt.
Es wurde eine polizeiliche Untersuchung eingeleitet, um die
leiblichen Eltern ausfindig zu machen. Einen Monat lang
ging es ihr weiterhin gut, dann veränderte sich plötzlich die Situation innerhalb weniger Tage. Der Husten und die Ver-

schleimung der Bronchien, beides bisher unbedenklich, verschlimmerten sich. Es folgte eine schwere Bronchitis mit einer
besorgniserregenden Dekompensation der Atemwege, was
die Überführung mit dem Notarzt in eine Intensivstation notwendig machte.

Eine Säuglingsschwester besuchte sie dort täglich und
fand sie sehr erschöpft vor, den Rücken meist nach hinten ge-
bogen. Auch vermochte sie wegen der Intubation (Einführen
einer Röhre in die Luftröhre) keinen Ton herauszubringen.
Am sechsten Tag ihres Krankenhausaufenthalts wandten sich
die Stationsschwester und die Krankenhausleitung an mich,
um gemeinsam zu versuchen, Fleur zu helfen. Nachdem sie
mich über Fleurs Entwicklung unterrichtet hatten, fragte ich
die Stationsschwester, ob sie sich imstande fühle, mit Fleur
folgende Dinge zu besprechen:

– mit ihr über ihre Geburt zu reden (wegen der Haltung des
Körpers und dem wie bei einer Geburt nach hinten gebogenen
Kopf), um ihr mitzuteilen, daß wir die näheren Umstände
nicht kennen würden, und um ihr zu erzählen, wie sie gefunden wurde;

– ihr zu sagen, daß ihre leibliche Mutter sie lebendig für
die Gesellschaft ausgesetzt habe und daß sie am Leben geblieben sei;

– ihr zu verstehen zu geben, daß man noch nicht wüßte, ob
sie ihre leibliche Mutter eines Tages wiedersehen würde, und
daß diese von der Polizei gesucht wird;

– ihr unseren Eindruck mitzuteilen, daß sie nun wohl nicht
mehr wüßte, ob sie leben oder sterben wolle; daß ihre Wahl respektiert würde, jedoch nicht im Krankenhaus, da dies ein Ort
sei, wo es die Aufgabe der Ärzte ist, die Kinder nicht sterben zu
lassen;

– ihr zu verdeutlichen, daß sie ihre Mutter in sich habe,

und daß wir der Ansicht seien, daß die Infektion ihrer Lungen
es ihr vielleicht ermögliche, sie in sich lebendig zu machen,
wie damals, als sie noch mit ihr durch die Plazenta verbunden
war.

Die Stationsschwester berichtete mir kurze Zeit später, daß
sie zu Fleur gesprochen habe, als diese schlief. Sie sei dann,
kurz bevor sie weggegangen wäre, aufgewacht und habe sie intensiv angeschaut. Bald darauf sei es ihr schon viel besser gegangen, was die Ärzte sehr erstaunt habe. Nachdem man ihr
angekündigt hätte, daß sie das Krankenhaus verlassen könne
(zur großen Freude der Säuglingsschwestern), habe man die
Entlassung aber wegen eines Durchfalls, in dessen Folge sie
an Gewicht verlor und auch ihre Fläschchen nicht mehr richtig trank, noch etwas aufschieben müssen. Nach einer telepho-
nischen Rücksprache besuchte die Stationsschwester sie nochmals, um ihr zu sagen, daß wir uns denken könnten, daß die
Entlassung sicher ein sehr schwieriger Schritt für sie sei. Daß
sie wegen der Freude der Säuglingsschwestern vielleicht geglaubt habe, daß man ihre Wahl nicht respektieren würde.
Daß diese dafür bezahlt würden, daß sie sich um sie sorgten
und ihr dabei halfen zu leben. Daß ihre Mutter noch immer
nicht gefunden worden sei. Daß sie vielleicht versuchte, diese
für sich mittels der Lunge in einem frühen Zustand zu bewahren und sie mit ihrem Durchfall auszuscheiden, aber daß sie
auf jeden Fall in ihrem Inneren wäre. Sie habe mit einem
Stirnrunzeln sehr interessiert zugehört und, als von ihrem
Durchfall gesprochen wurde, sei sie eingeschlafen.

Nach ihrer Rückkehr ins Säuglingsheim wurde Fleur alle
vierzehn Tage in meine Praxis gebracht. Ihr körperlicher Zustand war noch nicht stabil, ihr Gewicht schwankte, und der
Husten trat ab und zu wieder auf. Bei der dritten Behandlungsstunde meint die Säuglingsschwester, daß es ihr besser

ginge, daß sie viel wacher sei. Sie betont, ihre affektive Bezugnahme habe sich sehr verbessert, und das Personal sei wegen
ihrer Gesundheit nun nicht mehr so beunruhigt. Dennoch bedeutet sie mir, daß sie sie ein wenig matt fände. Doch während
des Gesprächs ist Fleur keineswegs matt: Sie schreit die ganze
Stunde, sie schreit, wie mir scheint, Schmerz und Wut aus sich
heraus, was ich ihr auch sage. Dabei gehe ich nochmals auf die
Gründe ein, warum sie sich zur Zeit im Säuglingsheim befindet.

Vierzehn Tage später kann die Atemtherapie eingestellt
werden. Fleur hustet nur noch, wenn sie unzufrieden ist. Sie
fängt an zu lächeln, zu lallen und den Kopf zu heben, aber in
den Sitzungen bleibt sie sehr ernst, runzelt die Stirn, fixiert
mich mit einem ganz besonderen Blick: Ihre Augen sind rie-
sengroß, beinahe übertrieben geöffnet, ohne zu blinzeln, ihr
Blick ist lebendig, intensiv, fordernd, sich festsaugend, wie an
meinem Blick festgeschweißt, was mir das Gefühl gibt, in sie
hineinzutauchen, allerdings nicht, mich in ihr zu verlieren,
und zwar wegen des angespannten Gesichtsausdruckes (besonders des lange andauernden Stirnrunzelns), der dieser
Tiefe Grenzen setzt.

Einige Tage vor dem Treffen des Familienrats hat sie erbro-
chen; und an dem Tag, an dem ihr angekündigt wird, daß eine
Adoptivfamilie sie besuchen wird, um sie kennenzulernen,
hat sie 39° Fieber. In der Sitzung, in der mir die Säuglingsschwester diese Ereignisse erzählt, wirkt Fleur immer noch
sehr ernst. Ich sage ihr, daß sich für sie nun die Möglichkeit er-
geben habe, eine Familie zu adoptieren, und vor allem auch,
daß man auf sie zähle, daß sie uns mitteile, ob ihr diese Familie gefalle: »Du bist ebenso fähig zu wissen, ob es eine gute Familie für dich ist, wie du fähig warst, zwischen Leben und Tod
zu wählen.« In diesem Augenblick schaut mich Fleur an, zeigt

ein kleines, absolut entwaffnendes Lächeln und hebt den
Kopf.

Vierzehn Tage später sehe ich Fleur zum letztenmal, dieses
Mal in Begleitung ihrer Adoptiveltern, mit denen bereits
einige Treffen im Säuglingsheim stattgefunden haben, die offensichtlich sehr gut verlaufen sind. Als sie hereinkommen,
hält der Vater sie auf dem Arm, gibt sie dann aber für die
Dauer des Gesprächs der Mutter. Sie liegt sehr bequem, ihre
Augen hängen an denen der Mutter, mich würdigt sie nicht
des geringsten Blickes. Die Eltern erzählen mir tief bewegt
von ihren ersten Begegnungen mit Fleur und dem Glück, das
sie dabei empfinden, sie bei sich aufnehmen zu dürfen. Sie
drücken ganz spontan ihre Dankbarkeit der leiblichen Mutter
gegenüber aus, da das Aussetzen des Kindes es ihnen ermög-
lichte, es aufzuziehen.

Die Fakten sind da und können nicht geändert werden: Fleur
ist auf einem öffentlichen Weg wie Abfall weggeworfen worden. Nachdem sie die extreme Einsamkeit, den Schmerz, die
Kälte, den Hunger und das Nahen des Todes überlebt hat, indem sie sich wählte (sie wurde »leblos« aufgefunden), kann
Fleur nun dabei geholfen werden, mittels symbolischer und
imaginärer Verknüpfungen, die sie zu schaffen vermag, wenn
man zu ihr spricht, auch psychisch zu überleben.

Die »saubere« Trennung der Nabelschnur, die im medizinischen Bericht hervorgehoben wird, weist darauf hin, daß die
wirkliche Trennung der Körper stattgefunden hat, während
die Dekompensation der Atmungsorgane, die plötzlich ein-
trat, als Fleur sich endlich in der Welt aufgenommen fühlte,
vermuten läßt, daß der Symbolisierungsprozeß, der durch das
Wort bei der Namensgebung eingeleitet wird, nicht stattgefunden hat. Fleur ist physisch von der Lebensquelle gelöst, hat

sich aber symbolisch nicht damit verbinden können. Ihr bin-
dungsloser Körper, der des Abfalleimers, hat sich totgestellt,
um nicht zu sterben, während »der Wunsch zu leben nur dann
entsteht, wenn das Leben sich im Ort des Fleisches aufs Spiel
setzt«[9]. Ihr zu sagen, daß sie sterben *kann*, wenn dies wirklich
ihr Wunsch als Subjekt ist, bedeutet, daß sie, auch wenn sie
durch die Entscheidung der Mutter von der Lebensquelle getrennt ist, nun leben kann. Ihr biologischer Körper erwacht jedesmal wieder zum Leben, wenn es darum geht, Bindungen
zu schaffen, sich für das Leben zu entscheiden: als die Säuglingsschwestern sie »bemuttern«, zeigt Fleur durch ihre Atmungsorgane, wie schwierig oder wie beängstigend es für sie
ist, die Luft (also eine andere Lebensquelle) in sich eindringen
zu lassen; als der Familienrat zusammentritt, dessen Be-
schlüsse ihrem Leben eine neue Richtung geben werden, erbricht sie, das heißt, sie kehrt auf der Ebene des Verdauungs-
traktes den natürlichen Weg der Nahrung um; als man ihr von
ihren zukünftigen Adoptiveltern erzählt, bekommt sie einen
heftigen Fieberschub, sie, die auf dem Weg vom intrauterinen
zum äußeren Leben eine so starke Kälte durchleben mußte[10].

Ein ausgesetztes Kind, das überlebt, ist sehr viel stärker als ein
anderes: Sein Lebenswunsch, der einer schweren Prüfung unterworfen war, hat gesiegt. Heutzutage kann der Körper eines
solchen Kindes im Krankenhaus so gut wie nicht mehr sterben, aber sein psychisches Leben ist in Gefahr. Durch eine
analytische Therapie kann man ihm eine innere Familie geben, und es kann im Prinzip schon im Alter von ungefähr drei
Jahren aus der Abhängigkeit von den Eltern gelöst werden
(besonders wenn es keine hat), auch wenn natürlich die Sorge
von Erwachsenen unentbehrlich bleibt.

Als ich meine Aufzeichnungen wiedergelesen habe, ist mir

aufgefallen, daß ich mit Fleur, als sie vier Monate alt war,
von einer zukünftigen Adoptivfamilie gesprochen habe. Ich
tat dies im vollen Vertrauen darauf, daß sie fähig sei, sich
zu entscheiden, ob sie adoptiert werden wolle oder nicht,
und sich ihre Familie zu wählen. Die Eltern, die *sie* sich gewählt hat, haben ihr zumindest in Worten die leibliche Mutter wiederhergestellt, indem sie ihr einerseits ihr richtiges
Alter ließen (und nicht von *weniger neun Monate* sprachen,
wie einige Adoptivmütter es machen, die niemals von der
leiblichen Mutter sprechen und die das Adoptivkind *gebären*
und ihm in ihrem Kopf das Alter seiner Empfängnis geben)[11]
und indem sie ihr andererseits ihren Platz im Symbolischen
gaben. Mir kam dabei zu Bewußtsein, wie wenig wir eigentlich über die frühe Entwicklung der menschlichen Intelligenz
wissen.

Die Puppe Bella

Bella wurde das erstemal mit viereinhalb Monaten zu mir zur
Behandlung gebracht. Ins Säuglingsheim war sie im Alter von
fünfzehn Tagen gekommen. Die drei Erwachsenen, die sie be-
gleiteten (Erzieherin, Stationsschwester und Säuglingsschwester) haben mir in ihrer Anwesenheit die folgenden Einzelhei-
ten berichtet:

Bella wurde in der 41. Schwangerschaftswoche mit einem
Gewicht von 3450 Gramm geboren. Sie blieb sechs Tage auf
der Entbindungsstation, am siebten Tag begann sie, so stark
zu erbrechen, daß sie für eine Woche auf die Neugeborenen-
Abteilung verlegt werden mußte. In ihrer Patientenakte wird
erwähnt, sie hätte vor dem Verlassen der Entbindungsstation
ihr erstes Lächeln gezeigt, und auch, daß sich im Kranken-

haus eine Krankenschwester ganz allein sehr intensiv um sie gekümmert und ihr ein Plüschtier geschenkt habe.

Mit fünfzehn Tagen wurde Bella ins Säuglingsheim gebracht, weil die Mutter anonym entbunden hatte, da die Schwangerschaft von ihr nicht gewünscht war. Weiterhin ist von der Mutter bekannt, daß sie drogenabhängig und seit vier Jahren mit dem Aidsvirus infiziert ist. Auch Bella ist HIV-positiv, und das Erbrechen mit Gefahr der Austrocknung (Dehydration) am siebten Tag wurde als ein Entzugssyndrom interpretiert und auch so behandelt. Die Mutter hat ihr Kind nach der Geburt zwar sehen wollen, aber sehr schnell darum gebeten, daß man es wieder wegbringe. Man weiß nicht, ob sie mit ihm gesprochen hat; der Vorname ist von der Hebamme ausgewählt worden, die ihrer Schönheit wegen fand, daß »Bella« gut zu ihr paßte. Vom Vater kennt man nur die Nationalität und weiß, daß er nicht mit der Mutter verheiratet ist, die allein lebt.

Bella wurde somit als Mündel des Staates anerkannt. Der gesetzlich vorgeschriebene Zeitraum von drei Monaten, während dem die Eltern die Möglichkeit haben, das Kind anzuerkennen, war verstrichen. Bella war demnach eigentlich zur Adoption frei. Die HIV-Tests fielen sehr bald negativ aus, wurden aber regelmäßig wiederholt. Der Familienrat hatte dennoch beschlossen, noch einige Monate abzuwarten, bis man sie zur Adoption freigab.

Der Grund für eine therapeutische Konsultation war folgender: In den viereinhalb Monaten ihres Lebens hatte Bella bereits dreimal mit dem Notarzt in ein Krankenhaus gebracht werden müssen. Das Personal des Säuglingsheims war daher der Ansicht, daß eine psychoanalytische Behandlung für sie von großem Nutzen wäre.

Mit fünf Wochen mußte Bella wegen des Bruchs eines

Eierstocks (dem verstecktesten Zeichen ihrer zukünftigen Weiblichkeit) einer Notoperation unterzogen werden, und der Chirurg war gezwungen, diesen zu entfernen. Einen Tag nach dem Eingriff wurde sie ins Säuglingsheim zurückgebracht, und die Säuglingsschwestern fanden sie weit ruhiger, wie »erleichtert« (liegt das nur daran, daß sie nicht mehr litt?).

Mit zwei Monaten mußte sie wieder ins Krankenhaus gebracht werden, dieses Mal für die Dauer von vierzehn Tagen wegen einer asthmatischen Bronchitis mit Ateminsuffizienz und Diarrhöe. Dabei ist aufgefallen, daß das Datum und die Dauer der Krankenhausaufenthalte exakt mit den freien Tagen der ihr zugewiesenen »Ersatzmutter« übereinstimmen. Da diese schon bald wieder für einige Tage weg mußte, machte sie sich Sorgen darüber, daß ihre Abwesenheit negative Folgen für Bellas Gesundheit haben könnte. Die medizinische Behandlung war ziemlich aufwendig: Atemtherapie, Medikamente, Antirefluxbehandlung (die eine ständige Betreuung erforderte, um sie Tag und Nacht in einer beinahe aufrechten Lage zu halten).

Während man mir von ihr erzählt, hält sich Bella gut auf dem Schoß ihrer »Ersatzmutter«, schaut mich an, betrachtet alle anwesenden Personen, lächelt ihnen zu, brabbelt viel und lange. Kurz, sie entwickelt ihren ganzen Charme, und alle finden sie bezaubernd und versuchen, sie noch mehr zum Lächeln zu bringen. Umso überraschter bin ich daher über meine eigene Reaktion: denn zunächst einmal finde ich sie nicht besonders anziehend, und dann empfinde ich ... ganz einfach nichts: Weder die anonyme Geburt noch die Tatsache, daß sie HIV-positiv ist, noch die Entzugserscheinungen, noch der dramatische Bericht ihrer Krankenhausaufenthalte rufen in mir das geringste Gefühl hervor. Da ich bereits Olivier, Zoé, Fleur und viele andere Kinder in Behandlung hatte, ist mir meine unterschiedliche Reaktion sehr genau bewußt. Aber als ich mich direkt an Bella wende, schiebe ich diesen Mangel an Gefühl beiseite und mobilisiere meine Erfahrung, um ihr das zu sagen, was ich in einer derartigen Situation zu sagen wichtig finde: daß sie ihre leibliche Mutter, die sie lebendig auf die Welt gebracht und für sie gewünscht hat, sie solle in einer anderen Familie aufgezogen werden, niemals wiedersehen wird; daß ihr erster Krankenhausaufenthalt in Zusammenhang stand mit den Drogen, die ihre Mutter (und damit auch sie) während der Schwangerschaft genommen hat; und daß es vielleicht leichter sei, den Drogenentzug zu kurieren als den Entzug der Mutter; daß ich sie gerne wiedersehen würde, um mit ihr gemeinsam zu verstehen zu suchen, warum sie so große Mühe hat, ihren Körper anzunehmen, während sie selbst doch auf Eltern wartet, die sie annehmen. Während der eigentlich ziemlich kurzen Zeit, in der ich zu ihr spreche, läßt Bella sich zurücksinken, wendet ihren Blick von mir ab und fixiert mit leeren Augen ihre Säuglingsschwester, bis ich zu reden aufhöre. Sobald ich verstumme, setzt sie sich wieder auf und zeigt ihr charmantes Lächeln. Das nächste Treffen wird vereinbart. Ich fühle mich schrecklich unwohl und habe den Eindruck, daß ich mit einer Art vorgefertigtem Wissen zu ihr gesprochen habe und nicht fähig war, etwas (was auch immer) Neues von diesem kleinen Mädchen verstanden zu haben. Ja, ich frage mich sogar, ob ich nicht besser den Beruf wechseln sollte.

Am Tag des vereinbarten Treffens ruft mich die Stationsvorsteherin des Säuglingsheims an, um mir mitzuteilen, daß Bella einige Tage nach der ersten Sitzung eine sehr schwerwiegende Bronchitis bekommen habe und deswegen ins Krankenhaus gebracht werden mußte. Ihr Zustand habe sich innerhalb von drei Tagen so sehr verschlechtert, daß sie mit dem

Notarzt in die Intensivstation eines anderen Krankenhauses
habe verlegt werden müssen. Dort werde sie künstlich beat-
met. Da die Stationsleiterin sie noch am selben Tag besuchen
will, fragt sie mich, was sie ihr sagen soll. Trotz der ängstlichen
Erwartung der Schwester greife ich auch dieses Mal auf
meine vergangenen Erfahrungen zurück und weigere mich,
mir über meine fehlenden Gefühle Rechenschaft abzulegen.
Das bringt mich für den Augenblick völlig aus der Fassung.

Am Ende meines langen Behandlungstages, an dem mit
den Säuglingen, die zu mir gebracht wurden, alles ohne Zwischenfälle abgelaufen war – und nachdem ich mit Kollegen
über meine Verwirrung gesprochen habe –, sage ich mir, daß
es vielleicht doch besser sei, den Versuch zu machen zu verstehen, was sich bei diesem Kind abspielt, als – sofort und auf der
Stelle – den Beruf zu wechseln. Ich nehme mir also die Patientenakte vor und versuche, mich daran zu erinnern, was ich in
der besagten Behandlungsstunde gedacht habe. Im Verhalten
des Personals des Säuglingsheims gab es nichts besonderes:
Sie waren präsent, sehr beunruhigt und redeten offen mit mir.
Bellas Geschichte rührte, soweit ich wußte, an keine schwierige Stelle meiner persönlichen Geschichte. Ich hatte notiert:
Bella ist sehr »kommunikativ«; dieser Terminus, den ich sonst
nicht gebrauche, war mir von der Stationsschwester suggeriert
worden. Als ich mich bemühe, mir die Situation zu vergegen-
wärtigen, erinnere ich mich, daß mir Bella um einiges älter
vorkam, als sie in Wirklichkeit war, denn sie saß während des
ganzen Gesprächs ohne Stütze, und vor allem brabbelte, lächelte und spielte sie während der ganzen Stunde ohne jede
Unterbrechung. Das Bild einer Puppe drängte sich mir auf,
das Bild einer Puppe ohne Authentizität. Ich verstand sogleich
mein mangelndes Interesse, denn leblose Puppen interessieren mich schon seit langem nicht mehr. Ich hatte zwar den

kurzen Augenblick des Zurücksinkens wahrgenommen, als ich zu ihr sprach, aber ich habe dies nicht angesprochen, genausowenig wie ich es gewagt habe, mir meine Distanz zu ihr bewußt zu machen oder diese gar zu äußern. Ich habe mich im Gegenteil gezwungen, so zu reagieren, wie ich es sonst auch getan habe, war aber zugleich davon überzeugt, daß mein Mangel an gefühlsmäßiger Reaktion mich in meinen Fähigkeiten vollständig in Frage stellte. Keinen Augenblick wäre ich auf den Gedanken gekommen, daß es sich um einen Gegenübertragungseffekt[12] handeln könnte.

Als ich mir diese eher mißratene Behandlungsstunde noch einmal ins Gedächtnis zurückhole, empfinde ich zum erstenmal Mitgefühl für dieses kleine Mädchen: Körperlich von ihrer Mutter seit ihrer Geburt getrennt, hat sie mit ihrer Schönheit eine Hebamme beeindruckt, so daß sich der Symbolisierungsprozeß, der durch die Benennung eingeleitet wird, wahrscheinlich um ihren Vornamen kristallisiert hat. Da ein nur allzu fragiles Band sie mit ihrer allzu ephemeren Lebensquelle verband, hat sie sich vielleicht verpflichtet gefühlt, ihren Vornamen mit ihrem Körper auszudrücken, so daß sie zu einer Art Roboter wurde.

Bella hatte sich bereits als Säugling dem, was sie an verführerischen Erwartungen in ihrer Umgebung wahrnahm, angepaßt und hatte sich zu leben gezwungen, aber in einer falschen Art: Wie ich später erfahren sollte, lächelte sie so strahlend, daß alle Erwachsenen, selbst wenn sie sie von Ferne sahen, ein Vergnügen darin fanden, zu ihr zu kommen, um sie noch mehr zum Lächeln zu bringen. Sie begeisterten sich an ihrer offensichtlichen Lebensfreude, die im Einklang mit ihrer Schönheit stand, und das war sicher dazu angetan, sie noch in ihrer Verhaltensweise zu bestätigen. Ihren inneren Widerstand oder ihr allzu großes Leid konnte sie nur äußern, indem sie ganz

unvermittelt sehr krank wurde. Dies war der einzige Zustand,
in dem sie es sich erlaubte, »wahr« zu sein, das heißt, ihren
Körperfunktionen freien Lauf zu lassen. Allerdings konnte sie
auch dabei sicher sein, dieses Mal durch die Pflege, die Aufmerksamkeit aller auf sich zu ziehen. Man hatte mir von Bella
als einem entweder »sehr kommunikativen« oder »sehr kran-
ken« Kind gesprochen, aber dazwischen gab es ... nichts.

Ich erwartete den Telephonanruf der Stationsschwester mit
großer Ungeduld; als ich mit ihr über Bella sprach, ist sie endlich für mich lebendig geworden, was sich im Ton und im
Sprechtempo meiner Überlegungen äußerte, die ich der
Schwester mitteilte. Es war mir plötzlich ein dringliches Bedürfnis, daß diese nochmals nach ihr schaute, und ich war bewegt, als ich erfuhr, daß Bella ihre Hand fest gedrückt hat, als
sie mit ihr am selben Tag über mich gesprochen hatte.

Vor diesem zweiten Besuch hatte Bella das Beatmungsge-
rät abgenommen werden können. Man berichtete mir, daß sie
die Stationsschwester mit einem breiten Lächeln »bis hinter
beide Ohren« begrüßt habe. Diese ließ sie wissen, daß sie
nicht unbedingt lächeln müsse, damit man sich mit ihr be-
schäftige, und Bella hat daraufhin aufgehört zu lächeln. Dann
hat sie noch hinzugefügt, daß sie sich nicht unbedingt schwer
krank machen müsse, um ihren Kummer auszudrücken: man
könne sie verstehen und mit ihr zusammen sein, auch wenn
sie traurig sei. Bella hat angefangen zu weinen, was sie sonst
niemals tat, und eineinhalb Stunden lang geweint. Die Stationsschwester hat nicht versucht, sie zu trösten, ist aber bei ihr
geblieben und hat weiter mit großer Einfühlsamkeit zu ihr gesprochen.

Die folgende Entwicklung, die weder glatt noch wunderbar verlief, sei etwas kürzer dargestellt. In den nächsten Monaten hat Bella eine für sie sehr heilsame, harmlose Krankheit

bekommen, die Windpocken, die ihr Gesicht für einige Zeit so entstellten, daß niemand mehr Gefallen daran fand, zu ihr zu kommen, um sie zu betören. Die Ferien ihrer »Ersatzmutter« sind gut vorbereitet worden; während ihrer Abwesenheit war Bella zu einigen ergänzenden Untersuchungen im Krankenhaus. Bei ihrer Rückkehr hat sie eine Otitis (Ohrenentzündung) und eine leichte Lungenentzündung bekommen, die aus medizinischer Sicht nicht bedenklich waren, so daß sie im Säuglingsheim behandelt werden konnte. Diese Krankheiten sind von Bedeutung, denn bis zu diesem Zeitpunkt brachte Bella ihre wahre Persönlichkeit zum Ausdruck, indem sie sich nahe der Selbstvernichtung (Aphanisis) bewegte, und ich besaß keinen Hinweis darüber, ob für sie »wahr« sein nicht gar tot sein bedeutete.

Nach äußerst komplizierten Untersuchungen gelangten die Ärzte zu der Schlußfolgerung, daß bei ihr Teilchen der Nahrung einen falschen Weg nehmen (statt durch die Speiseröhre gehen sie durch die Luftröhre), was medizinisch nicht nachweisbar ist, aber eine permanente Infektionsquelle für ihre Lunge sein kann. Sie haben ihr unter anderem eine schnelle Umstellung von Flaschennahrung auf festere Nahrung verordnet. Dieser Verordnung fügte sich Bella, wie zu erwarten war, ohne Probleme.

Koinzidenz? Auch für die Ärzte hatte Bella etwas Falsches: sie machte den Eindruck, ihre Fläschchen sehr gut zu trinken, verschluckte sich niemals, aber die Nahrung nahm einen falschen Weg, genauso wie sie selbst einen falschen Weg nahm, indem sie pausenlos lächelte.

Als ich Bella in der darauffolgenden Zeit im Wartezimmer abhole, erwartet sie mich mit gerunzelter Stirn und ohne das geringste Anzeichen eines Lächelns! Zunächst weint sie mehrere Sitzungen hindurch, mit ziemlich feinen Unterschieden, die ich in Worte zu fassen versuche. In Zusammenhang mit ihren körperlichen Reaktionen (einem Fieberschub genau vor der Sitzung zum Beispiel), mit ihren Atembeschwerden (pfeifende oder andere Geräusche beim Atmen) sowie mit der ärztlichen Diagnose kann ich das Problem des falschen Weges ansprechen und entsprechend auch die »echten« Ursprünge des Bruches aufgreifen.

Mit zehn Monaten geht es Bella ausgesprochen gut: Sie wird (endlich!) wütend, wenn sie mit etwas nicht zufrieden ist, und hat absolut keine Angst mehr, ihren Säuglingsschwestern zu mißfallen. Sie weigert sich nun, etwas zu essen, was sie nicht mag, während man ihr früher egal was hätte geben können. Sie verteidigt ihr Spielzeug, da ihr jetzt etwas gehören darf. Auch kann sie nun liegend in ihrem Bett schlafen, da die Antirefluxbehandlung nicht mehr notwendig ist.

Dank dieser Entwicklung und der Beharrlichkeit der Sachbearbeiterin hat der Familienrat ihre Patientenakte früher als vorgesehen nochmals geprüft: So konnte Bella ihren ersten Geburtstag in ihrer Adoptivfamilie feiern.

Ich habe mich lange gefragt, warum es mich so sehr fasziniert, Säuglinge psychoanalytisch zu behandeln, während ich im alltäglichen Leben keine bestimmte Altersklasse bei Kindern bevorzuge, schon gar nicht Säuglinge, und ich zudem keine besondere Begabung habe, mich in ihre Empfindungen einzufühlen und sie zu verstehen. Erst kürzlich hat mich ein Freund, ein Choreograph, ganz zufällig im Laufe eines Gespräches auf den Schlüssel für mein Interesse gestoßen. Er liegt natürlich in meiner eigenen Kindheit. Wenn ich von Choreographie spreche, deute ich damit bereits an, daß für mich eine Beziehung zwischen einer bestimmten Ausdrucksform des Körpers und der Psychoanalyse besteht. Als kleines Mädchen hatte ich den weitverbreiteten Traum, Tänzerin zu werden, bevor ich meine Meinung dazu wegen einer sehr ernüchternden Bemerkung meiner Eltern änderte: »Wenn du Künstlerin werden willst, mußt du die beste sein!« Da ich auch noch andere Träume hatte, machte es mir keine allzu großen Probleme, das Tanzen als Berufswunsch aufzugeben. Aber ich habe dennoch weiterhin Tanzstunden genommen; ich empfinde dabei ein von jeglichem Ehrgeiz freies Vergnügen, das auf bewußter Ebene keinerlei Verbindung mit meiner psychoanalytischen Tätigkeit hat. Das Vergnügen ist sehr abhängig von der Qualität des Lehrers, denn was mir gefällt, ist weder die Choreographie noch das körperliche Training, noch die »Anmut«, sondern die Möglichkeit, sich eine Körperbewegung oder einen Bewegungsablauf soweit bewußt zu machen, bis diese in sich stimmig sind, – dabei aber einzig und allein von den Worten und nur den Worten des Lehrers geleitet zu werden. Wenn diese »stimmig« sind, ist ihre Wirkung auf den Körper unmittelbar, dauerhaft und vollständig anders als Korrekturen von der Art »halt dich gerade«, die nur eine sehr begrenzte Wirkung zeigen. Bei diesen nämlich handelt es sich nur darum, gerade zu *erscheinen*, nicht aber, sich gerade zu *fühlen*.

In dieser Hinsicht ist die Kinderanalyse den Tanzstunden weit überlegen! Besteht sie doch darin, sich seines eigenen Körpers zu bedienen, um die Wirkungen, die Worte und Geschehnisse auf den Körper des Kindes gehabt haben, nachzuempfinden, und diese Empfindungen dann in Worte zu fassen, damit diese Worte ihrerseits auf den Körper des Kindes einwirken können. In diesem Sinne ist es nicht der Körper, der spricht: Der Körper ist der Ort der Sprache.

Das Gespräch, das kurz vor meiner Begegnung mit Bella stattgefunden hat, mag vielleicht erhellen, warum die erste

Konsultation für mich eine so große Bedeutung angenommen
hatte: Solange mir nicht klargeworden war, daß die *Abwesenheit* jeglichen Körpergefühls, das sich von dem kleinen Mädchen auf mich übertrug, Ausdruck einer Gegenübertragung
war, konnte mir keine Theorie dabei helfen, was auch immer
zu verstehen.

Doch warum habe ich mit anderen Säuglingen, wenn ich
etwas empfand, so leicht Selbstvertrauen gewinnen können,
mich aber total in Frage gestellt gefühlt, als ich nichts empfand? Eben wegen des Tanzes! Zwar ist es mir endlich gelungen, mich meines Körpers so zu bedienen, wie ich es beab-
sichtigte, und dadurch scheinbar zu vermeiden, mich mit der
elterlichen Bemerkung, »die beste sein« zu müssen, zu konfrontieren; dennoch blieb eine Unsicherheit: Wenn mir etwas
nicht glückte (hier: mit meinem Körper zu verstehen), so
konnte das nur an mir liegen, war nur mein Fehler.

Beim ersten Gespräch mit Bella sind mir auch kurz eine
Theorie und eine Erinnerung durch den Kopf gegangen: die
Theorie von Winnicott, die sich auf die Ausbildung einer falschen Persönlichkeit, eines falschen »Selbst«, bezieht, das
dazu dient, den authentischen Kern, das »Selbst« einer Person
zu verbergen und zu schützen. Und der Anfangssatz der von
Françoise Dolto dargestellten Psychoanalyse mit Dominique.
Dieser Junge hatte ihr von vornherein folgendes gesagt:
»Nämlich, ich bin nicht wie die anderen, manchmal beim Auf-
wachen denke ich, daß mir eine wahre Geschichte passiert
ist.« Worauf Françoise Dolto sogleich geantwortet hat: »Die
dich nicht wahr gemacht hat.«[13] Aber erst nachdem ich meine
eigenen Wahrnehmungen für mich analysiert hatte, ist es mir
gelungen, »den Körper mit dem Wort zu verbinden« (um
einen sehr glücklichen Ausdruck meines Freundes, des Psychoanalytikers Lucien Kokh zu gebrauchen), ein weiterer Be-

weis dafür, daß kein Analytiker weiter gehen kann, als seine inneren Widerstände es ihm erlauben.

Nicht alle Kinder eines Säuglingsheims werden psychoanalytisch behandelt: Das ist nicht möglich und auch nicht wünschenswert. Aber wenn die Allgemeinheit, aus welchen Gründen auch immer, für ein Kind die Verantwortung übernimmt, muß die Institution, die diese repräsentiert, die notwendigen Mindestbedingungen gewährleisten, damit aus dem Kind ein Mann oder eine Frau werden kann, deren Würde respektiert wird. Im Säuglingsheim von Antony, in dem seit langem die institutionelle Verantwortlichkeit Thema allgemeiner Überlegungen ist, werden zwei Grundideen vertreten: Die erste ist, daß die Unterbringung an sich nicht pathogen ist, sondern vielmehr »heilsam, wenn das Kind versteht, daß die Gesellschaft ihm gegenüber Pflichten hat und daß es selbst der Gesellschaft gegenüber die Pflicht hat, sich gegen etwas zu schützen, was es physisch oder psychisch vorzeitig sterben lassen würde«[14].

Die zweite ist, daß das Kind, welchen Alters auch immer, Anspruch auf eine analytische Behandlung hat, wenn es leidet: Es darf aber nicht allein als Symptomträger der familiären Pathologie betrachtet werden, denn es ist selbst Subjekt. Es hat nicht nur das »Recht auf freie Meinungsäußerung«: Seine Äußerungen müssen auch gehört und in dem Sinne »behandelt« werden, wie man eine Information behandelt. Wenn es nicht oder noch nicht spricht, drückt sein Körper die vergangenen und gegenwärtigen Erfahrungen aus. Der Körper ist nicht allein ein Ort, an dem sich eine physische Krankheit oder ein medizinisches Symptom äußern, an ihm zeigt sich vor allem das Leiden seiner Person.

Die Symptome, die zu einer therapeutischen Konsultation

führen, betreffen körperliche Störungen (wie z.B. Atembeschwerden, Infektanfälligkeit, Verdauungsstörungen, Haut-
krankheiten, motorische Rückstände) in gleichem Maße wie
Verhaltensauffälligkeiten (z.B. mangelnde Vitalität, Bezie-
hungsstörung, autistischer Rückzug, Aggressivität, Mutis-
mus). Das zeugt von einer Haltung zwischen biologischem
und psychoanalytischem Denken, die man nicht sehr häufig
findet. Angesichts der Schwere der Erkrankungen kann man
sich nicht damit begnügen zu sagen, daß die Hauptursache
für die Krankheiten dieser Kinder darin besteht, daß sie nicht
geliebt werden, oder daß die Liebe alles ins Lot bringen wird.
Das Leiden dieser Kinder ist so groß, daß sie daran sterben
können, oder zumindest, daß es jede Symbolisierung verhindert, trotz der Pflege, die man ihnen angedeihen läßt. Denn es
entsteht vor allem aus der Unkenntnis der eigenen Ursprünge.

Psychoanalyse oder Experimentalpsychologie?

Ich habe bei dieser praktischen Arbeit eine sehr wichtige Erfahrung gemacht, und zwar, daß die Psychoanalyse zu neuen
Entdeckungen führt; das Ziel experimenteller Methoden in
der Psychologie ist es hingegen, Beweise zu erbringen. Daniel
Widlöcher sieht das ähnlich: »Das Studium individueller
Fälle fördert Entdeckungen, während die vom Allgemeineren
ausgehenden Methoden darauf abzielen, Beweise zu erbringen. (...)
   Erwartete Ergebnisse zu beweisen, ist aber keineswegs
schwierig, und das ist auch der Vorwurf, den man einem
Großteil der Beobachtungen aus der sogenannten klinischen
Psychologie machen kann, die sich an der Psychoanalyse in-
spirieren. Nur der einzelne Fall führt zu Entdeckung, Überra-

schung oder gar widersprüchlicher Erfahrung. (...) Ein einzi-
ger Fall kann einem natürlich nicht über alles, was man gern
wissen möchte, Aufschluß geben. Oder genauer gesagt, er
könnte einen alles lehren, wenn man imstande wäre, alles zu
verstehen, und sich nicht aus Mangel an Erfahrung in der eigenen Wahrnehmung auf weniges beschränken müßte.«[15]

Wir leben in einer Zeit, in der der Subjektivität des Wissen-
schaftlers selbst in den sogenannten »strengen« Wissenschaften Rechnung getragen wird. Sogar die Mathematik dient
nicht mehr nur der Quantifizierung, sondern der Etablierung
von Beziehungen. Auf der anderen Seite ist menschliches
Verhalten längst zum Objekt wissenschaftlicher Erklärungs-
modelle geworden. Das kann uns nicht gleichgültig lassen,
braucht uns aber auch nicht über Gebühr zu beeindrucken.
Wie Isabelle Steger, Philosophin und Professorin für Episte-
mologie (Wissenschaftslehre) an der Universität Brüssel
meint, »ist das Gehirn nicht deswegen zu einem Forschungs-
objekt geworden, weil sich in ihm eine chemische Substanz
identifizieren läßt«. Ferner gibt sie zu bedenken, daß »die
Ähnlichkeit zwischen technischem Empirismus und Experiment eine sehr verführerische Glaubens- und Autoritätswir-
kung habe«.

Außerdem ist die Zeit, zu der man den Säugling als eine
Larve, einen Verdauungstrakt oder als ungeformtes Wachs betrachtete, längst vergangen. Die Geburt wird heute von den
Neo-Natalogisten als ein »ökologischer Ortswechsel« angesehen, was deutlich macht, daß es selbst zwischen Fötus und
Säugling keinen Bruch in der Kontinuität der Lebensentwick-
lung mehr gibt.

Die Experimentalpsychologie nahm ihren Anfang in den
siebziger Jahren[16], dennoch ist es ausgesprochen selten, daß
die Verhaltensforscher eingestehen, daß sie, zu einem gewis-

sen Teil zumindest, nichts anderes getan haben als psychoanalytische Intuitionen zu verifizieren, denn ihr eingestandenes
oder uneingestandenes Ziel war es häufig zu beweisen, daß
das Konzept des Unterbewußten hinfällig war. Doch kann
Jacques Mehler etwa beanspruchen, das Thema erschöpfend
behandelt zu haben, wenn er schreibt: »Diese Konzeption (die
Psychoanalyse) ist fehlerhaft, nicht weil sie von mentalen Pro-
zessen ausgeht, die sich unserem Bewußtsein entziehen, sondern weil sie mentale Entitäten annimmt, aber nicht sagt, wie
diese tatsächlich ohne die Einwirkung einer immer mysteriö-
seren Intelligenz funktionieren.«[17]

Was haben die Verhaltensforscher entdeckt? Daß das Neugeborene nicht blind ist (bei seiner Geburt sieht es alles, was
mehr als 20 cm entfernt ist, verschwommen, im Laufe des ersten Jahrs nimmt seine Sehschärfe progressiv zu, bis sie ihren
Höchstwert erreicht), und noch weniger taub (das Hörvermö-
gen ist bei Neugeborenen genauso groß wie bei Erwachsenen), daß es das Gesicht, die Stimme und den Geruch seiner
Mutter unterscheiden kann, ebenso wie den Geruch ihrer
Milch, daß es die Stimme seines Vaters der Stimme anderer
Männer bevorzugt und noch viele andere, zum Teil sehr aus-
gefallene Dinge.
    Ein Kinderarzt namens Grenier hat bewiesen, daß ein
Säugling sich seiner Umgebung öffnen und einen langen Au-
genkontakt halten kann, wenn man seinen Kopf und Nacken
so hält, daß er nicht selbst einen – von ihm nur mangelhaft be-
wältigbaren – Ausgleich für seine zu schwachen Hals- und
Rumpfmuskeln schaffen muß. Zudem ist er dann fähig, wei-
che, harmonische Gesten zu machen und die Bewegungen seiner Arme, Hände und Finger zu koordinieren und nach den
visuellen Informationen, die vom Objekt ausgehen, auszu-

richten[18]. Ein Kind von weniger als vier Monaten versteht es bereits, die Farben in Wahrnehmungskategorien zu unterscheiden oder zwei beliebige Richtungen auseinanderzuhalten. Auch ist es empfänglich für Formen und vermag sogar den anderen als seinesgleichen zu erkennen. Piaget dagegen vertrat die Ansicht, daß sich die Fähigkeit, mentale Zustände zu verstehen, erst zwischen dem vierten und sechsten Lebensjahr herausbildet!

Die verschiedenen Forschungsansätze in der Säuglingsforschung könnten es notwendig erscheinen lassen, getrennte Kompetenz- oder Wissenschaftsbereiche abzustecken, wenn die Vernachlässigung psychoanalytischer Erkenntnisse in ethischer Hinsicht keine so schwerwiegenden Folgen hätte. Ich möchte hier nur zwei Beispiele anführen, man könnte jedoch selbst bei jenen, die vorgeben, sich mit ethischen Fragen auseinanderzusetzen, noch viele weitere finden.

Frage: Können Säuglinge einem Ton eine bestimmte Position im Raum zuordnen?[19]

Experiment: Kinder, jünger als ein Monat, sehen ihre Mutter auf einer Seite des Raumes, die Stimme jedoch kommt von einer anderen Seite.

Ergebnis: Die Kinder zeigen Anzeichen von Angst. Das beweist, daß sie einem Ton einen Ort im Raum zuordnen können.

Interessant? Möglicherweise. Harmlos? Sicherlich nicht, denn wenn in der Entwicklung eines menschlichen Wesens auch nichts endgültig festgelegt ist, so löscht sich doch auch nichts aus. Der Beobachter gibt sich objektiv, und das, was das Kind während des Experiments *empfindet*, ist nicht *beobachtbar*, wenn man nicht das Konzept der Übertragung miteinbezieht, was die Beobachter zumeist nicht tun; sie messen daher den *Spuren*, die das Experiment hinterlassen mag, keine Be-

deutung bei, denn diese Spuren sind nicht Gegenstand ihres
Experiments.

Ein anderes Beispiel: Um die Festigkeit der Bindung zwischen einem kleinen Kind und seiner Mutter zu testen, wird
nach der Experimentalmethode von Ainsworth beim Kind ein
ansteigendes Niveau leichten Stresses (!) erzeugt. Diese Versuchssituation nennt man *strange situation* (unbekannte,
fremde oder ungewohnte Situation). Mit dem Versuch soll
herausgefunden werden, ob und inwieweit Kinder, die jünger
als ein Jahr sind, innerhalb ihrer Familie ihr Verhalten verändern, wenn sich ein Elternteil für eine gewisse Zeit entfernt
und eine unbekannte Person den Raum betritt. Die Hypothese
ist, daß Kinder, die eine gute innere Bindung an ihre Mutter
haben, besser als andere auf ihre Umgebung reagieren können. Ainsworth (und Kollegen) beschränken sich aber nicht allein darauf, die Kinder in besagten Situationen von »anstei-
gendem Niveau leichten Stresses« zu filmen, die bei einigen
dieser Kinder Momente tiefer Verzweiflung auslösen, sie ord-
nen diese darüber hinaus je nach ihrem Verhalten drei Kategorien zu und leiten daraus den Grad der Bindung an die Mutter
ab. Dieser spiegele die innere Einstellung der Mutter dem
Kind gegenüber wider.

Der Erfolg derartiger Versuche, die immer wieder von vielen wissenschaftlichen Teams durchgeführt werden, hängt sicher damit zusammen, daß sie relativ leicht zu realisieren
sind. Auch kann man daraus ebenso leicht Schlußfolgerungen
ziehen, die den Anschein großer Exaktheit vermitteln. Darüber hinaus leiten die Autoren aus den Ergebnissen sogar Vor-
aussagen über die zukünftigen Anpassungsfähigkeiten oder
Schwierigkeiten des Kindes ab. Wird der Wert solcher Untersuchungen, etwa von Forschern wie Hubert Montagner[20], an-
gezweifelt, so nicht, weil er sich um die Auswirkungen, die

solche Versuchsreihen auf die Kinder haben könnten, sorgt, sondern allein, weil er die den Versuchen zugrundeliegende Theorie mißbilligt. Das hat seinen Grund: Er selbst hat sehr ähnliche Versuche durchgeführt, die ebenfalls Kinder künstlich mit einer beunruhigenden, fremden Situation konfrontieren.

Meiner Ansicht nach gibt diese Art von Experimenten eher eine Antwort auf die Frage: Wie kann man eine psychotische Versuchssituation herstellen? Übrigens habe ich noch nirgends gelesen, wie man die Eltern dazu bringt, ihre Kinder solchen Experimenten auszusetzen. Ich denke da besonders an jenen von Spitz ersonnenen und häufig wiederholten Versuch, bei dem die Mutter auf Geheiß des Versuchsleiters ihrem Baby abwechselnd ein lachendes und ein starres, depressives Gesicht zeigt. Der Versuch soll erweisen, daß das Baby auf die Veränderungen im Verhalten der Mutter äußerst sensibel reagiert. Ein weiterer Forscher, Trevarthen[21], folgert daraus, daß die Kommunikationsfähigkeit angeboren und bereits vor der Geburt im Gehirn angelegt ist. Nebenbei zeigt uns dies, daß die Auseinandersetzung darüber, was angeboren und was erworben ist, sich zwar verlagert hat, aber noch keineswegs beendet ist.

Anläßlich einer Polemik zwischen Hubert Montagner und Françoise Dolto bezüglich eines Films, in dem ein Kind gezeigt wird, das einige Augenblicke künstlich einer Wahrnehmungsdissoziation ausgesetzt wurde, hat Françoise Dolto[22] folgendes angemerkt:

– Die Beobachtung kann niemals aufdecken, was das Kind empfunden hat; ebensowenig, welchen Schaden das Experiment dem Kind eventuell zugefügt hat;

– Wenn beim Experiment nicht der Wunsch des Kindes ausschlaggebend ist, dann wird es dem Wunsch der Erwach-

senen unterworfen. Das heißt, daß dem Kind die Rolle eines
Lustobjekts für die Erwachsenen zufällt. In diesem konkreten
Fall bedeutet dies, daß es für den Wissensdrang der Erwachsenen, für einen vermeintlich wissenschaftlichen Voyeurismus,
mißbraucht wird;

– Letzte Bemerkung: Würden Sie derlei mit Ihren eigenen
Kindern machen?

Diese ethischen Argumente empfand ich eigentlich als
sehr überzeugend, bis ich feststellte, daß sie völlig unzureichend sind angesichts der Tatsache, daß auch die Verhaltens-
therapeuten längst begriffen haben, daß man den Wunsch des
Kindes zu berücksichtigen hat ... allerdings zu ihrer eigenen
Befriedigung. Hierzu ein Beispiel, das vielleicht auf den ersten
Blick ebenfalls harmlos erscheint: Es handelt sich um eine
Studie über die Zahlenvorstellung bei Kindern, die auf dem
berühmten Test von Piaget basiert. Ein Kind sieht zwei identi-
sche Reihen mit Kugeln, die den gleichen Abstand unterein-
ander haben, und es erkennt die Ähnlichkeit. Dann wird der
Abstand der Kugeln verändert, nicht aber deren Anzahl. Das
Kind ist der Auffassung, daß die längste Reihe auch die größte
Anzahl von Kugeln enthält, was natürlich falsch ist.

Jacques Mehler nun hatte die Idee, die Kugeln durch Bonbons zu ersetzen und die meisten Bonbons auf die kürzeste
Reihe zu tun. Kein Kind, unabhängig von seinem Alter, erliegt
in diesem Fall der Täuschung: Es wählt die Reihe, die die meisten Bonbons enthält, und nicht die längste. Daraus zieht Jacques Mehler folgende Schlußfolgerung: »Alles zeigt deutlich,
daß selbst ganz kleine Kinder die größte Anzahl von Bonbons
herausfinden können, ohne sich dabei auf den äußeren Anschein zu verlassen. Sie folgen also ihrem Interesse, und das
ist in diesem Fall, die größtmögliche Anzahl von Bonbons zu
essen.« Besteht hier nicht eine subtile Vermischung zwischen

einer zum größten Vergnügen der Erwachsenen auf das Kind ausgeübten Verführung und dem Wunsch des Kindes, möglichst viele Bonbons zu essen?

Hätte sich Piaget vorzustellen vermocht, daß selbst Säuglinge zählen können? Aber genau das versichert Karen Wynn[23], und sie geht noch weiter, denn sie glaubt aufgrund ihrer Experimente bei Säuglingen sogar mathematische Fähigkeiten ausmachen zu können. Gibt es also bald Kinderkrippen für neugeborene Mathematiker ... doch in wessen Interesse?

Die Frage, ob man es selbst zulassen würde, daß derartige Experimente mit den eigenen Kindern gemacht werden, ist an sich vernünftig. Sie hat nur den Fehler, daß man sie nur an vernunftbegabte Menschen richten kann. Leider gehören weder alle Forscher noch alle Eltern zu dieser Kategorie.

Des weiteren warf Françoise Dolto den Verhaltensforschern, die die Fähigkeiten eines Neugeborenen quantifizieren, vor, zu vergessen, daß bei allen menschlichen Wesen erst der emotionale Bezug der Intelligenz einen Sinn verleiht. Mittlerweile wird allerdings auch der Versuch unternommen, das Gefühl zu quantifizieren: Die Beobachtung der Interaktion zwischen Baby und Mutter ist dank des Videos in vollem Gang. Diese Technik ermöglicht, die Szenen beliebig oft zu wiederholen, den Film langsamer abzuspielen oder bestimmte Bilder anzuhalten. Einige Psychoanalytiker haben sich darauf gestürzt, wohl weil sie glaubten, der Psychoanalyse dadurch zu einem wissenschaftlicheren Status zu verhelfen, den sie durch »die individuelle Dimension der Behandlungsart«[24] in Frage gestellt sahen. Auch bei dieser Art von Experiment muß man sich jedoch erst einmal Gedanken darüber machen, was man sucht: Ob man nun mit bloßem Auge oder durch das Objektiv einer Kamera hindurch beobachtet, der

Sinn ergibt sich immer aus der Interpretation dessen, was der Blick erfaßt, und diese Interpretation wiederum ist bestimmt vom Vorhaben des Forschers. Die Kognitivisten interpretieren nur die äußere Form des Verhaltens und machen weder Aussagen über den mentalen Gehalt noch über den der Aussage immanenten Wert dieses Gehalts[25].

Der Psychoanalytiker René Diatkine stellt daher zu Recht folgende Frage: »Ist die direkte Beobachtung von Babys nur eine unsinnige Sache, oder erbringt sie Informationen, deren Kenntnis für den Psychoanalytiker von Wichtigkeit sind?«[26] Für Hubert Montagner ist die Antwort einfach, da es ihm vor allem darum geht, alle psychoanalytischen Theorien für hinfällig zu erklären: »Es handelt sich jetzt nicht mehr darum, wie beim psychoanalytischen Ansatz die Beziehung des Neugeborenen zu seiner Mutter auf eine ursprüngliche und unwiderstehliche Kraft (oder einen Trieb) zurückzuführen, die den Neugeborenen dazu treibt, seine emotionalen Bedürfnisse (seine Libido) über die Beziehung zu befriedigen, die er zur mütterlichen Brust aufbaut, wobei er gleichzeitig auch seine Nahrungsbedürfnisse stillt.«[27]

Bestimmte Vertreter der Neurobiologie verfolgen allerdings noch weit eigenartigere Theorien: Boris Cyrulnik, der aus der Verhaltensforschung mit Tieren in die menschliche Verhaltensforschung überwechselte, versucht mit großer Intelligenz und mit Einfallsreichtum seine Ergebnisse aus der Verhaltensforschung mit neurobiologischen Entdeckungen zu verbinden und dies für die Praxis der klinischen Psychiatrie nutzbar zu machen. Hierfür ein Beispiel, das meiner Meinung nach zwar eher Fragen aufwirft, als daß es welche löst (was ich allerdings interessanter finde, als eine Debatte vorschnell zu beenden). Boris Cyrulnik hat das Phänomen des ersten Lächelns bei Neugeborenen im Kreißsaal untersucht, und zwar einerseits, indem er die Szene filmte, und andererseits mittels eines Elektro-Enzephalogramms des Babys. Er kommt zu dem Ergebnis, daß das erste »Lächeln« von einer bio-elektrischen Sekretion des Gehirns, einem Neuropeptid ausgelöst wird[28]. Und die Mutter, die keineswegs verrückt ist, freut sich über dieses Lächeln, das sie, arme Unwissende!, nicht auf eine »Neuropeptid-Sekretion« zurückführt!

Bevor Boris Cyrulnik dann aber Schlußfolgerungen aus den vortrefflichen Ergebnissen dieses Adultomorphismus zieht (der, unter anderem, den biologischen Rhythmus des Babys beeinflußt), merkt er noch an, »daß sie (die Mutter) einer bestimmten Verhaltensäußerung eine durchaus falsche Bedeutung zuordnet«. Doch wer ordnet jenem Lächeln eine falsche Bedeutung zu? Wer kann im Ernst behaupten, daß es »richtiger« ist, wenn man sagt: »Das erste Lächeln wird von der Sekretion eines Neuropeptids ausgelöst«, als wenn man sagt: »Mein Baby hat mich gleich nach der Geburt angelächelt«? Zu behaupten, daß die Biologie durch die Sprache geformt wird, ist eine Sache, aber zu glauben, daß die Biologie selbst Trägerin von Sinn ist, eine andere. Bestenfalls können beide »Interpretationen« gleiche Gültigkeit beanspruchen: Alles hängt vom Beobachter ab ... und von dem, was er beobachten will.

Was nun den Bereich angeht, der als der am meisten erforschte der kognitiven Wissenschaften gilt, der Bereich der Sprache nämlich, so ist man heute noch weit davon entfernt (aber sicher nicht mehr lange), mittels der Experimentalmethode den strukturierenden Wert der sprachlichen Äußerungen verifizieren zu können, in denen Kindern die Wahrheit über ihr Leben mitgeteilt wird; also das, was uns unsere psychoanalytische Beobachtung tagtäglich bestätigt, ohne daß wir wissen, wie es vor sich geht. Trotz der schnellen und er-

staunlichen Entdeckungen in der Neurobiologie erlaubt uns
diese Disziplin dennoch nicht, eine Antwort auf folgende
Frage zu finden: Wie ist es möglich, daß Menschen, die noch
nicht sprechen gelernt haben, Sprache verstehen können?
Man weiß übrigens auch bei Erwachsenen nicht, auf welche
Weise bestimmte Worte ein Unbehagen, einen Infarkt oder
einen Unfall auslösen können, selbst wenn man langsam
herauszufinden beginnt, wie die Sprache die Biologie eines
Menschen verändert, was allerdings nicht dasselbe ist. Einige
Mütter glauben, es sei gut für ihr Baby, wenn sie sich zwingen,
ständig mit ihm zu sprechen, und sie erzählen ihm alles und
egal was. Das Reden ist eine Möglichkeit, nichts mit dem Körper auszudrücken, und die Kinder lassen sich diesbezüglich
genausowenig täuschen wie die Erwachsenen.

Ich messe den Protokollen der psychoanalytischen Sitzungen mit Säuglingen eine große Bedeutung bei, in denen notwendigerweise die Person des Analytikers eine wichtige Rolle
spielt. Diese geht nämlich in den Bericht der Geschichte (oder
ihres Ausschnitts) mit ein, die immerhin nur ein einziges Mal
in dieser einen bestimmten Weise abläuft und sich niemals
wieder in der gleichen Weise wiederholen wird.

Die Abfassung der Beobachtungen wirft ein zentrales Problem auf, dem sich alle Wissenschaftler stellen müssen und
das mir noch bei weitem nicht gelöst scheint: Wie kann man
Beobachtungen durchführen, ohne daß man in dem, was man
beobachtet, das erkennt, was man sehen möchte? Nur die Ex-
perimentalwissenschaften im eigentlichen Sinn, wie etwa die
Physik, haben dieses Problem durch ihre Versuchsanordnun-
gen lösen können. Wir aber müssen uns die Frage nach neuen
Verfahren stellen, da wir in den Prozeß gänzlich involviert
sind und es zudem mit menschlichen Wesen zu tun haben, die
ihrerseits sensibel auf die Fragen, die wir stellen und die wir

ihnen stellen, reagieren: Bedeutung aber wird allein durch den Akt der Deutung erzeugt. Die Deutung allerdings ist in ihrem Sinn und Gehalt von Analytiker zu Analytiker verschieden. Auch hat man davon auszugehen, daß die analytische Deutung eine Wirkung auf denjenigen hat, an den sie gerichtet ist, während die Interpretation einer Beobachtung, die sich auf eine Materie bezieht, diese nicht verändert.

Wären Videoaufnahmen von psychoanalytischen Sitzungen eine Lösung, wenigstens für die Vermittlung von Wissen? Winnicott verneinte dies: »Weder Tonband- noch Videoaufzeichnungen stellen eine befriedigende Lösung dar. Wenn ich einen Fall vorstellen möchte, mache ich mir genaue Notizen von allem, was sich in der Stunde ereignet hat, ohne dabei zu vergessen, was ich sage oder tue. Ich werde für diese undankbare Aufgabe dadurch entschädigt, daß ich anhand meiner Notizen, die oftmals bereits nach zwei oder drei Tagen nicht mehr lesbar sind, das Gespräch beinahe vollständig rekonstruieren kann. Ich unterziehe mich dieser Anstrengung gern, da ich aufgrund dieses Verfahrens imstande bin, einen Bericht in extenso zu erstellen, ist es doch bekannt, daß sich sonst ein großer Teil des Gesprächs und zahlreiche wichtige Details verlieren ›wie ein Traum, der erstirbt, wenn der Tag anbricht‹.«[29]

Zum jetzigen Zeitpunkt bin ich der Ansicht, daß unsere Beobachtungen, auch wenn man die neueren Entwicklungen in den kognitiven Wissenschaften und der Neurobiologie berücksichtigt, psychoanalytische Beobachtungen in ihrer ganzen Einzigartigkeit bleiben müssen und nicht in Pseudo-Versuche umgewandelt werden sollten. Auch wenn wir uns heute das Unbewußte als im Biologischen verwurzelt vorstellen (nachdem zuvor die Vorstellung entwickelt wurde, die Psyche sei eine Maschine oder ein Computer), wird uns die Biologie dennoch nicht des Rätsels ganze Lösung liefern. Ebensosehr muß man sich davor hüten, das Biologische auf das Psychische zu reduzieren.

Es ist nicht sinnvoll, um jeden Preis eine wissenschaftliche Mode zu übernehmen, die offensichtlich genausowenig zu psychoanalytischer Erkenntnis beiträgt wie sie künstlerisches Schaffen, ästhetisches Empfinden oder moralisches Urteil zu erhellen vermag. Wir sollten aber auch nicht leichtfertig auf den »wissenschaftlichen Geist, der fähig ist, sich selbst zu kritisieren und seine eigenen Grenzen zu erkennen«[30], verzichten, und uns auch nicht dagegen auflehnen, daß derartige Beobachtungen von anderen gemacht werden. Die psychoanalytische Methode kann nicht für sich beanspruchen, die Frage des Sinns erschöpfend zu beantworten, vor allem, wenn man mit Henri Atlan der Meinung ist, daß »die Wahrheitsform, die nach dem Modell logischer und wissenschaftlicher Wahrheiten konstruiert ist, nicht die einzig mögliche ist«.

Papa hat Mama getötet

Nicht jeder hat das Glück, Waise zu sein.
Jules Renard

Die Psychologie von Mördern ist seit jeher ein Faszinosum. Das Verbrechen aus Leidenschaft etwa ist eine unerschöpfliche Inspirationsquelle für Künstler und wird in Frankreich mit relativ großer Nachsicht geahndet. Mörder sind Gegenstand zahlreicher Untersuchungen, die dann von der Boulevardpresse zum großen Vergnügen ihrer Leser ausgeschlachtet werden. Das Fernsehen erteilt ihnen das Wort, und die Einschaltquoten spiegeln die Neugier, die sie wecken, allerdings verbunden mit dem sicheren Gefühl, sie im Gefängnis zu wissen. Die Jugendkriminalität erschreckt die Erwachsenen, da sie potentielle Opfer sind und sich auch die soziale Dimension dieses kriminellen Verhaltens nicht übersehen läßt. Bei Mördern und Verbrechern sind Frauen absolut unterrepräsentiert (eine positive Auswirkung der von Männern dominierten Gesellschaft?), dennoch gibt es zahlreiche Studien über die Lebensbedingungen von Kindern, die im Gefängnis geboren wurden, da ihre Mütter wegen eines Vergehens eine Haftstrafe verbüßen. Auch sind Bestrebungen im Gange, die Haftbedingungen zu verändern, damit die Verbindung zwischen Mutter und Kind aufrechterhalten bleibt.

Sind Kinder die Opfer von Mißhandlungen und Verbrechen, ist die Reaktion, selbst bei anderen Inhaftierten, unglaublich heftig. Meist berichtet man darüber nur unter der

Rubrik »Vermischtes«, und es werden regelmäßig Stimmen laut, die die Todesstrafe fordern. Der Abscheu und die Empörung, die diese Verbrechen hervorrufen, sind wahrscheinlich in Zusammenhang zu sehen mit der notwendigen, aber jedoch offensichtlich schwachen Abwehr eigener sadistischer Impulse Kindern gegenüber. Wer erinnert sich nicht, als wäre es erst gestern geschehen, einer in der Kindheit erlittenen Demütigung? Wer hat noch niemals seine Macht einem Kind gegenüber mißbraucht? Wie läßt sich die Notwendigkeit bewerten, eine internationale Kinderschutzorganisation zu gründen, wenn die Rechte des Kindes nicht mehr denn je verletzt würden, und das in einer Welt, die den Anspruch erhebt, immer zivilisierter zu werden?

Meines Wissens hat man sich bisher nur wenig Gedanken über die Probleme jener Kinder von Mördern gemacht, die zur Zeit der Tat bereits geboren waren. Den Psychoanalytikern bietet sich nur selten die Gelegenheit, in Kontakt mit ihnen zu kommen; sei es, weil sie in ihren Familien bleiben, die sorgsam darauf bedacht sind, das Geheimnis zu wahren, sei es, weil sie in öffentlichen Gewahrsam kommen. In letzterem Fall ist man darum bemüht, daß das Kind vergißt oder so tut, als würde es vergessen. Einige Analytiker jedoch haben Erwachsene behandelt, bei denen ein Mitglied der Familie entweder ein individuelles Verbrechen begangen oder an einem kollektiven Verbrechen mitgewirkt hat (besonders natürlich im letzten Krieg).

Die ganz kleinen Kinder, die Familien entstammten, in denen Vater oder Mutter einen Mord begangen hatten, und die ich behandelt habe, lebten entweder im Säuglingsheim in Antony oder in einer Pflegefamilie. Die Äußerungen ihres Leidens stellten alle Personen, die die schwere Aufgabe übernommen haben, diese Kinder aufzunehmen und großzuziehen, vor große Probleme, besonders wenn es sich in Aggressivität manifestierte.

Es hat sich, wenn auch nicht ohne Schwierigkeiten, mittlerweile doch im allgemeinen Bewußtsein festgesetzt – namentlich wenn es sich um eine Adoption handelt –, daß das Nicht-Gesagte eine zerstörerischere Wirkung hat als die ausgesprochenen Tatsachen. Wenn es aber um schwere oder minderschwere Verbrechen geht, die Eltern begangen haben, ist das bisher noch nicht der Fall. Die Kinder müssen jedoch mit dieser schmerzvollen Erfahrung leben, mit der Trauer um die ermordete Person (in den meisten Fällen die Mutter, ein Bruder oder eine Schwester) und der Trennung von demjenigen Elternteil, der den Mord begangen hat. Wenn einer der Eltern den anderen tötet, ist das Kind die Tochter oder der Sohn eines Mörders und seines Opfers ... Soll man auch in einem solchen Fall über die Tatsachen sprechen? Und wenn ja, wie? Ist dies nicht viel schädlicher als sie einfach zu verschweigen, wenn man dem Kind ermöglichen will, seine eigene Lösung zu finden?

Die Erfahrung zeigt, daß das Verschweigen unter dem Vorwand, eine perverse Identifikation oder eine »Traumatisierung« zu vermeiden, in Wirklichkeit nicht nur uneffektiv ist, sondern auch für die Betroffenen einen über mehrere Generationen wirksamen pathogenen Einfluß haben kann. Hier nur ein kurzes Beispiel, es ließen sich aber hunderte anführen: Frau N., neunzehn Jahre, ist die Mutter eines kleinen Jungen, der vom Jugendrichter wegen Mißhandlung in ein Heim eingewiesen wurde. Sie selbst wuchs seit frühester Kindheit in einer Pflegefamilie auf, an die sie sehr gute Erinnerungen hat. Man hat ihr aber niemals gesagt, wer ihre Eltern sind, noch warum sie in eine Pflegefamilie kam. Mit annähernd achtzehn Jahren zog sie mit einem Mann zusammen, der sie seit

Beginn ihrer Schwangerschaft schlug. Als sie ihr Kind zur
Welt gebracht hatte, war es für sie ein großes Problem, sich um
ihren Sohn zu kümmern. Zu jener Zeit machte sie sich auf die
Suche nach ihren Eltern und fand sie auch: Ihr Vater hatte, als
sie zwei Jahre alt war, einen ihrer Brüder getötet.

Ihr Freund schlug sie weiterhin und mißhandelte auch das
Kind. Während eines solchen Vorfalls hat sie ebenfalls ihren
Sohn geschlagen. Das führte dazu, daß ihr Kind in einem
Heim untergebracht und sie verhaftet wurde. Vor dem Richter
hat sie sich aller Mißhandlungen bezichtigt, um, wie sie mir
später sagte, »ihren Freund zu schützen«. Sie selbst konnte
keinerlei Beziehung zwischen ihrer Vergangenheit und ihren
gegenwärtigen Problemen entdecken. Jene, die sie »schützen« wollten, indem sie ihr ihre Geschichte verheimlichten,
haben sie letztlich – natürlich unwissentlich – dazu gebracht,
diese Geschichte in die Tat statt in Worte umzusetzen. Ihr
Sohn, zwei Monate alt, als er ins Säuglingsheim kam, und
sechs Monate bei der ersten Behandlungsstunde, zeigte einen
gravierenden psychomotorischen Entwicklungsrückstand,
der sich noch verstärken sollte, sowie bereits äußerst besorg-
niserregende Beziehungsprobleme.

Selbst wenn man von der Richtigkeit überzeugt ist, die Tatsachen offenzulegen, so bleiben sie doch oft schrecklich, und
ihre Vermittlung erfordert großes Einfühlungsvermögen. Unter dem Vorwand, das Kind zu »schützen« (auch wenn man
nicht der Meinung ist, daß das sinnvoll ist), tendieren die meisten Leute dazu, entweder nichts zu sagen (sie sind noch zu
jung, um verstehen zu können) oder aber die Tatsachen mehr
oder weniger zu verändern oder zu bagatellisieren (Papa ist
verreist, Mama wird zurückkommen, er oder sie haben es
nicht mit Absicht getan), nur damit das Kind nicht erfährt, daß
seine Eltern gegen das Gesetz verstoßen haben. Dabei

schwingt unbewußt die Vorstellung mit, es würde dadurch, hätte es Kenntnis davon, beeinflußt (es würde sich z. B. schämen oder schuldig fühlen) oder sogar das gleiche tun (wie der Vater, so der Sohn). Warum haben wir Erwachsenen so große Schwierigkeiten, mit den Kindern über die Verbrechen ihrer Eltern zu reden? Stimmt denn etwa die Annahme, ein Kind wäre nicht fähig, eine moralische Persönlichkeit zu entwikkeln und das Gesetz zu achten, wenn es als Vorbild Eltern hat, die dies nicht getan haben? Ist es nicht vielmehr der überzogene Ausdruck eines gewissen Erziehungsstils, der uns zwingt, stets nur unsere besten Seiten zu zeigen, statt auch unsere Schwächen zu akzeptieren und zuzugeben? Warum hat man eine solche Angst vor dem kritischen Urteil der Kinder? Wie sollen diese sich denn zu eigenständigen Persönlichkeiten entwickeln können, wenn sie keine Kritik an ihren Eltern geübt haben, die doch den gleichen Gesetzen unterworfen sind wie sie selbst? Früher oder später muß jedes Kind sein eigenes Leben gemäß seinen Wünschen und seinen Fähigkeiten leben. Es kann sich dann nicht mehr darauf beschränken oder darin erschöpfen, das Leben seiner Eltern nachzuahmen, selbst wenn diese fantastisch sind.

Es überrascht uns immer wieder, wenn wir erfahren, daß kriminelle Jugendliche Kinder aus »gutem Hause« sind. Viel leichter läßt es sich akzeptieren, daß jemand »Anständiges« (manchmal auch nur jemand Bekanntes) eine problematische Vergangenheit hat. Dann sagen wir: »Er (oder sie) hat sich gut gemacht.« Wir nehmen also instinktiv für die anderen an, daß man zu einer Zeit mit seinen Eltern verbunden sein kann, ohne sie deshalb völlig zu imitieren. Und dennoch streben wir stets danach, Vorbilder für unsere Kinder zu sein, und fürchten ihre Kritik.

Die tiefe Emotion, die die folgenden Berichte wecken und

die von allen Personen, die mit diesen Kindern zu tun hatten
(auch von den Psychoanalytikern, die den Behandlungen bei-
gewohnt haben), empfunden wurde, ist wahrscheinlich mit
einem Wiederaufleben uns aus der Mythologie wohlbekann-
ter, archaischer Ängste verknüpft: nämlich daß die Person, der
wir unser tiefstes Vertrauen schenken, sich in einen schrecklichen, tödlichen Feind verwandeln könnte. Vielleicht werfen
uns diese Eltern aber auch auf unsere eigenen, mit größter
Anstrengung verdrängten Vernichtungs- oder Tötungsimpulse
gegen Kinder zurück. Beginnen wir, uns mit der Geschichte
eines Mörders auseinanderzusetzen, befürchten wir, entdek-
ken zu müssen, daß es sich nicht um ein Monster handelt; und
wenn es kein Monster ist, dann könnte es auch ich oder du
sein.

Zudem haben wir die Neigung, wirtschaftlichen Fort-
schritt mit zivilisatorischer Entwicklung zu verwechseln. Da
Kinder in unserer Gesellschaft nicht mehr so zahlreich sind,
gehen wir davon aus, daß sie wertvoller seien. Und wenn wir
diese Kinder leibhaftig vor uns sehen, deren Leben eine Hölle
ist und die von der Gesellschaft in Obhut genommen werden
müssen, erfaßt uns ein tiefes Unbehagen: Wie ist so etwas
heutzutage, in unserem Land, und noch dazu in allen gesellschaftlichen Schichten möglich? Wozu dienen die phantastischen medizinischen, technischen oder wirtschaftlichen Fortschritte, wenn wir, abgesehen vom Überleben und materiellen
Wohlstand, nicht fähig sind, den Kindern ein menschlicheres
Leben zu garantieren?

Diese Kinder haben mich oft in Situationen gebracht, wo es
mir schwer fiel, Analytiker zu bleiben, das heißt, mich mit
ihnen nur darum zu bemühen, psychische Strukturen aufzu-
bauen. Warum war es mir anfangs unmöglich, mich eines
Werturteils über ihre Eltern zu enthalten, obwohl mir das zu-

vor niemals Probleme bereitet hatte? Sich eines Werturteils zu enthalten, bedeutet nicht zugleich auch, sich einer klinischen Einschätzung zu enthalten, aber wenn der Psychoanalytiker »urteilt«, so impliziert das beinahe notwendigerweise, daß er sich für »besser« als die Eltern hält. Er verläßt damit unversehens seine Rolle und wird damit gefährlich für das Kind, denn der Analytiker darf unter keinen Umständen ein Elternersatz *in der Wirklichkeit* sein.

Ich war daher zu Recht beunruhigt, daß dieses Werturteil mich daran hindern könnte, zuzuhören und zu verstehen, was das Kind fühlt. Von einem Fall zum anderen aber habe ich, manchmal schmerzhaft, eines gelernt: sich eines Urteils über die Eltern zu enthalten, ist kein Ziel an sich; es ist für einen Analytiker unentbehrlich, um dem Kind zuhören zu können, doch es ist nur möglich und vertretbar in Verbindung mit einer eindeutigen Stellungnahme der Gesellschaft und dem Gesetz gegenüber. Das habe ich nicht so klar gesehen, als ich die Kinder unbescholtener Eltern behandelte. Dennoch: Wenn die Vergehen der Eltern von der Gesellschaft sanktioniert werden, oder wenn wir im Geheimen unserer Praxis (was wesentlich häufiger ist) Kenntnis eines perversen Verhaltens Kindern gegenüber erhalten, dürfen wir den Patienten während der Behandlung keineswegs alles tun und sagen lassen, besonders, wenn es um sehr junge Kinder geht. Man hat in einem solchen Fall die Möglichkeit, die Weiterführung der Behandlung zu verweigern, um sich nicht zum Komplizen der strafbaren Handlungen eines Elternteils zu machen, der sozial vielleicht über jeden Verdacht erhaben scheint. Das ist manchmal weit schwieriger, als mit einem Kind über ein von den Eltern begangenes Verbrechen zu sprechen, das noch dazu sozial geächtet wird. Trotzdem bleiben natürlich Fassungslosigkeit und Bestürzung angesichts der Irreversibilität der Tat.

Ich kann den Vorwurf, den manche Leute der Psychoanalyse und besonders der Kinderanalyse machen, nämlich daß
sie normativ sei, gut verstehen. Aber es gibt meiner Meinung
nach einen bedeutenden Unterschied, ob man von der Norm
spricht, indem man den Kontext erklärt, in dem diese Norm
von der Gesellschaft aufgestellt wurde, oder ob man diese
Norm als Ideal postuliert.

André Green[1] wirft mit großer Klarsicht die Frage auf, ob
der Kinderanalytiker einen anderen Beitrag leisten kann, als
»Modellkinder« zu formen, selbst wenn er im Einklang mit
den Wünschen des Patienten handeln will. Wenn man während der Behandlung eine Regel aufstellt oder die Einhaltung
eines Verbots fordert, darf dies nicht von erzieherischen Zielen
bestimmt sein, sondern einzig von dem Bemühen, psychische
Strukturen zu schaffen. Es erscheint mir jedoch wünschenswert, für das Kind andere als pädagogische Ziele zu haben, die
allerdings von der psychoanalytischen Theorie und nicht von
einem sich aufzwingenden Willen getragen werden sollten,
und ich glaube, daß alle Analytiker diese haben, ob sie es zuge-
ben oder nicht.

Muß man leben?

Mélina kommt mit achtzehn Monaten zu mir, drei Monate
nach ihrer Aufnahme ins Säuglingsheim, die unter dramatischen Bedingungen stattgefunden hat: Sie wurde im Morgen-
grauen von der Polizei gebracht, nach der Entdeckung des
Mordes und der sexuellen Schändung, die ihr Vater an ihrer
dreijährigen Schwester begangen hat. Die Eltern sind im Gefängnis, der Vater ist wegen Mißhandlung mit Todesfolge angeklagt, die Mutter wegen Beihilfe und unterlassener Hilfe-

leistung. Die Betreuerinnen, die mit der Sorge um Mélina be-
traut wurden, haben zunächst miteinander über den Fall geredet und ihr schließlich gesagt, daß ihre Eltern wegen des Todes ihrer Schwester inhaftiert wurden, *die nicht mehr leben
wollte und nicht mehr leben konnte.*

Als mir die Betreuerin der ASE in Gegenwart von Mélina,
die völlig unbeweglich an ihre Säuglingsschwester geklam-
mert dasaß, die Geschichte berichtete, fühlte ich mich wegen
ihrer Unbeholfenheit ziemlich unbehaglich. Die Uneindeu-
tigkeit ihrer Worte, die Unterstellung eines »Wunsches« bei
der toten Schwester, der das Verhalten der Eltern (sie wollte
nicht mehr leben, also haben sie sie getötet!) zu rechtfertigen
schien, verdeutlichten mir mein eigenes Unbehagen, und ich
fand es notwendig, sie zu unterbrechen: »Niemand kann sagen, was deine Schwester wollte, die nun tot ist und die du nie
mehr wiedersehen wirst. Dein Vater hat sie getötet, ich weiß
nicht, warum; er ist nun im Gefängnis, weil du in einer Gesellschaft lebst, in der es verboten ist, den Körper von Kindern zu
mißhandeln und diese zu töten; deine Mutter ist ebenfalls im
Gefängnis, weil es ihre Pflicht gewesen wäre, deine Schwester
zu schützen, was sie nicht getan hat. Kinder können nicht bei
ihren Eltern bleiben, wenn diese im Gefängnis sind, deshalb
bist du nun im Säuglingsheim. Deine Eltern sind am Leben,
deine Mutter denkt an dich und hat darum gebeten, dich besuchen zu können, aber sie hat dafür noch keine Erlaubnis erhalten.«

Was hat es für einen Sinn, dies alles einem achtzehn Monate alten Kind zu sagen? Seit ihrer Geburt war Mélina von
ihrem Vater betreut worden, denn er war arbeitslos. Vielleicht
mußte sie während des Tages das Leiden ihrer Schwester mit-
erleben, sie selbst jedoch wurde niemals körperlich mißhandelt. Am Abend kehrte die Mutter zurück, die außerhalb ar-

beitete und zu der sie ein sehr inniges Verhältnis hatte (wie
auch umgekehrt). Sie kannte so gut wie niemand anderen, da
ihre Eltern keinerlei soziale oder familiäre Verbindungen hatten. Nach einer sehr brutalen Szene, von der mir die Mutter
später berichtete, in deren Verlauf Mélina den geschändeten
Körper ihrer Schwester gesehen und die gewaltsame Verhaftung (sowohl mit Körper- als auch Wortgewalt) ihrer Eltern
miterlebt hatte, war sie von Fremden an einen Ort gebracht
worden, den sie nicht kannte, und hatte von da an weder ihre
Schwester noch ihre Eltern wiedergesehen. Nach einer Zeitspanne von ungefähr zwei Monaten, während der sie ziemlich
vital geblieben war und in der nur ihre Unabhängigkeit, ihre
relativ große Stummheit und ihre starke Angst vor Berührun-
gen auffiel, wurde sie immer apathischer und gegen alles
gleichgültig. Man könnte sagen, daß sich ihre Fähigkeiten,
Bindungen herzustellen, erschöpften, trotz der sehr intensi-
ven Sorge, die ihr zuteil wurde.

Bei einem Kind von achtzehn Monaten ist das, was die
Eltern tun »gut«, der Papa, der schlägt, ist ein »richtiger«
Papa. Die Anfänge von Mélinas Leben sind unwiderruflich
mit Gewalt verknüpft, und ihr soziales Leben beginnt mit
einer schrecklichen, abrupten Trennung. Nachdem sie diese
schreckliche Trennung überlebt hatte, hat sich Mélina, die verlassen wurde, selbst »verlassen«. Vielleicht glaubte sie, sie
müsse, wie ihre Schwester, »sterben wollen«, damit ihre Eltern wiederkommen? Indem man ihr die Tatsachen (das heißt
vor allem, wer tot und wer lebendig ist) mitteilt, ihr das Gesetz
und seine Konsequenzen für die Eltern und für sie selbst nahe-
bringt, indem man sie in Gedanken und auch in der Wirklichkeit mit ihrer Mutter verknüpft, gibt man ihr Würde und Le-
bensmut zurück, aber auch die Möglichkeit, sich von anderen
Erwachsenen helfen und umsorgen zu lassen. Die Autonomie,

die sie durch ihre Pseudo-Unabhängigkeit manifestierte, ist eine Art Überlebens-Autonomie (sie kann nur auf sich selbst zählen), die sie in ihrer psychischen Entwicklung stagnieren läßt, da überleben nicht leben ist.

Möglicherweise ist die Erklärung, die die Betreuerinnen Mélina gegeben haben, auf häufig Françoise Dolto zuge-schriebene, aber mißverstandene psychoanalytische Ideen zu-rückzuführen (mit einem Kind zu sprechen, bedeutet noch lange nicht, ihm egal was zu sagen): Es ist nicht notwendig, auch wenn Mélina erst achtzehn Monate alt ist, sie in dem Glauben zu lassen, daß ihr Vater und ihre Mutter Vorbilder für sie sind, die alles wissen und richtig handeln, wenn sie ihren Impulsen freien Lauf lassen, und die sie demnach zu imitie-ren hat. Man kann noch weiter gehen: Wenn man sie, und sei es auch nur unterschwellig, glauben läßt, Inzest und Mord seien Triebwünsche, deren Befriedigung Erwachsenen er-laubt ist, dann ist das eine zutiefst schädliche und traumatisie-rende Haltung. Das Kind in Unkenntnis über die Handlungen seiner Eltern zu lassen, ist es ebenfalls[2]. Aber es ist unabding-bar, Mélina zu sagen, daß sie ein wertvolles Wesen ist, das von wertvollen Eltern abstammt, schon allein deshalb, weil sie von ihnen gezeugt wurde, was auch immer die Eltern danach ge-tan haben mögen. Die Strafe, die die Gesellschaft ihnen auf-erlegt, sanktioniert in diesem Fall ein nicht wiedergutzu-machendes Verbrechen, weil es den Tod eines menschlichen Wesens zur Folge hatte. Über das Vergehen zu sprechen, stellt nicht den Ursprung von Mélinas Leben in Frage, mit dem je-der Mensch verbunden sein muß. Auch ist es unbedingt not-wendig zu sagen, daß es sich um ein Verbrechen handelt, will man es nicht rechtfertigen, das heißt, sich zum Komplizen ma-chen.

Drei Monate lang weinte und schrie Mélina alle Behandlungsstunden hindurch, sei es in den Armen ihrer Säuglingsschwester, sei es auf dem Boden liegend ... Diese Stunden
waren besonders ergreifend: Mélina war danach immer vollständig erschöpft – und ich auch. Zur gleichen Zeit berichteten die Säuglingsschwestern jedoch, daß es ihr im Säuglingsheim viel besser zu gehen schien, daß sie nun zu sprechen
begann, Mama sagte, mit den anderen Kindern spielte und
viel Unsinn machte. Von ihrem Vater erhielt sie Nachricht
(eine Postkarte), vor allem aber von ihrer Mutter, die ihr im
Gefängnis angefertigte Kleidung und Spielzeug schickte.
Nach den Informationen der Säuglingsschwestern und dem
Verhalten von Mélina in den Sitzungen zu urteilen, hatte ich
den Eindruck, daß es mir gelang, für den Schmerz des kleinen
Mädchens Worte zu finden, das nun aktiv danach verlangte,
von seiner »Ersatzmutter« getröstet zu werden, und seine alte
Lebendigkeit wiedergefunden zu haben schien.

Zwanzig Monate war Mélina alt, als sie ihre Mutter das erstemal im Gefängnis besuchte. Seit der Trennung waren sechs
Monate vergangen. Als sie ihre Mutter erblickte, rannte sie
zur Tür, zeigte sich dann aber bereit, sich auf die Knie der
Säuglingsschwester zu setzen. Sie war unfähig, eine Bewegung auf ihre Mutter zu zu machen, schaute sie aber unver-
wandt an. Die Mutter begann mit sehr viel Zurückhaltung,
Zartgefühl und innerer Bewegung mit ihr zu reden, zunächst
in Französisch, dann in ihrer Muttersprache. Sie packte die
Geschenke aus und gab sie ihr, aber sie versuchte nicht, sie in
die Arme zu nehmen oder sie zu berühren. Am Ende des Be-
suchs ließ Mélina sich passiv von ihrer Mutter in die Arme
nehmen, ohne jedoch den Schoß der Säuglingsschwester zu
verlassen, und sagte auf Wiedersehen. In der Behandlungsstunde, in der man mir von diesem Besuch berichtet, liegt Mé-

lina auf dem Rücken am Boden, hält die Hand der Säuglingsschwester, die sie auch bei ihrem Besuch begleitet hat, fest in
der Hand und schreit ununterbrochen. Ich sage ihr, daß sie
ihre Mutter wohl sehr liebe, da sie ihr so stark vorwerfe, sie
verlassen zu haben. Ihre Mutter habe diese Trennung nicht gewollt: Sie habe diese wie sie selbst auf sich nehmen müssen,
aber nun könnten sie sich wieder sehen. Da Mélina die Haltung eines Babys in einer Wiege einnimmt, sage ich ihr, daß
sich ihre Mutter, als sie ungefähr das Alter hatte, wie sie jetzt
daliegt, um sie gekümmert hat, daß sie noch nicht von ihr getrennt, ihre Schwester noch nicht tot und ihr Vater noch nicht
im Gefängnis gewesen sei. Daraufhin hört sie sofort auf zu
weinen, steht auf und verläßt den Raum.

Das nächste Treffen, das für einen Monat später vereinbart
ist, findet nicht im Gefängnis statt, da die Mutter bis zum Pro-
zeßbeginn aus der Untersuchungshaft entlassen wurde. Sie
besucht nun ihrerseits ihre Tochter dreimal in der Woche im
Säuglingsheim. Sie äußert den Wunsch, mit ihrer Tochter
draußen spazierengehen zu dürfen, erhält dafür aber keine
Genehmigung: Mélina kann zwar mit anderen Kindern das
Heim verlassen, wenn ihre Mutter sie besucht, ist sie jedoch
»eingesperrt«.

Einen Monat später begleitet die Mutter ihre Tochter zur
Behandlung und kommt von da an fast zu allen Sitzungen mit.
Die junge Frau, die sehr schön ist, erzählt unter einer Flut von
Tränen vor ihrer Tochter, die sich ihr immer noch nicht nähern
mag, alles, was sie erlebt hat: von ihrer Kindheit, der von ihren
Eltern arrangierten Heirat, vom Umzug nach Frankreich, von
ihrer Isolation, der Brutalität ihres Mannes, die ihr große
Furcht einflößte, ihrer Unfähigkeit, ihre ältere Tochter zu be-
trauern, von dem gewalttätigen Verhalten der Polizisten bei
der Verhaftung, dem Gefängnis, von ihrer Hoffnung, mit Mé-

lina zusammenleben zu dürfen, wobei sie beinahe vergißt, daß
sie selbst ja auch angeklagt ist und vor dem Schwurgericht
erscheinen muß. Mélina gegenüber verhält sie sich sehr ein-
schmeichelnd, überhäuft sie mit liebevollen Worten und
Geschenken, respektiert jedoch ihre körperliche Ablehnung,
obwohl sie sehr darunter leidet: Sie möchte ihr nicht wehtun,
und sie erträgt es auch nicht, sie weinen zu sehen. Am Ende
des Gesprächs gibt Mélina ihrer Mutter ein Stück Modelliermasse. Zuvor hatte ich zu ihr gesagt: »Deine Mutter weiß, daß
sie dein Vertrauen zurückgewinnen muß, weil sie es nicht vermocht hat, deine Schwester zu schützen, und es auch nicht hat
verhindern können, daß ihr getrennt wurdet.«

Im Laufe der Monate entwickelt sich zwischen Mutter und
Kind, die zur gemeinsamen Sitzung von verschiedenen Richtungen kommen, eine intensivere Beziehung. Diese ist aber
immer noch geprägt von einem gewissen Mißtrauen und
einem ziemlich tyrannischen Verhalten seitens Mélina, die
sehr schnell begriffen hat, daß ihre Mutter ihr wegen ihrer
starken Schuldgefühle in materieller Hinsicht nichts abschla-
gen kann.

Nachdem Mélina mit ihrer Mutter zu einer anderen, aber
stabilen Beziehung gefunden hat, zieht sie sich nach und nach
immer mehr von der Behandlung zurück, verläßt vorzeitig den
Raum und wartet auf ihre Mutter im Wartezimmer. Als sie sich
schließlich eines Tages weigert, mit ins Behandlungszimmer
zu kommen, empfange ich die Mutter allein. Allerdings hatte
ich Mélina zuvor gefragt, ob sie glaube, daß es für sie noch notwendig sei, mit mir zu sprechen? Vielleicht sollte nur ihre Mutter weiterhin zu mir kommen, da sie so sehr zu leiden schien,
wie sie selbst am Beginn unserer Begegnung? Sie nickte, und
die Mutter konnte mit ausdrücklicher Zustimmung ihrer
Tochter die Behandlung bis zum Prozeß allein fortsetzen ...

Der Vater wurde zu lebenslänglicher Haft verurteilt, bei
Verlust aller seiner elterlichen Rechte; die Mutter, gegen die
der Vorwurf der Beihilfe nicht aufrechterhalten werden
konnte, bekam die für unterlassene Hilfeleistung vorgesehene
Höchststrafe: fünf Jahre Gefängnis und Entzug ihrer elterlichen Rechte.

Einer von vielen Vätern

Alexis wurde im Alter von sechs Monaten gegen Mittag ins
Säuglingsheim gebracht. Um neun Uhr vormittags desselben
Tages hatte seine Mutter seine größere Schwester (drei Jahre)
in einem wahnhaften Anfall erwürgt: Ihre Tochter sei nicht
mehr ihre Tochter, jemand hätte das Kind ausgetauscht. Der
Vater war zum Zeitpunkt des Dramas nicht zu Hause. Da er
sich nicht imstande fühlte, allein für seinen Sohn zu sorgen,
bat er um Heimunterbringung, die Mutter aber wurde inhaftiert und dann in eine psychiatrische Anstalt eingewiesen.

Als Alexis im Säuglingsheim aufgenommen wird, erzählt
man ihm, was sich in seiner Familie ereignet hat und weshalb
er da ist. Während dieses Berichts versucht er, sich auf den Boden gleiten zu lassen, und wirft sich mehrmals nach hinten.
An den folgenden Tagen behält er seine Flasche nur am Vor-
mittag bei sich, nach zwölf Uhr Mittag (der Stunde, in der er
ins Säuglingheim kam) erbricht er alles. Bei sich zu Hause hat
er gut getrunken; die Mutter gab ihm die Flasche in einer
Baby-Wippe, ohne körperlichen Kontakt. Im Laufe der nächsten Tage stellen die Säuglingsschwestern fest, daß Alexis
große Beziehungsprobleme hat, die sicherlich schon vor der
Heimunterbringung vorhanden waren. Als er neun Monate
alt ist, wird die Entscheidung getroffen, ihn zu mir zu schik-

ken. Der Vater hat sein Einverständnis gegeben und sich bereit erklärt, ebenfalls zu kommen.

Er stellt sich mit den Worten vor: »Ich bin einer von vielen
Vätern.« Dann erzählt er, wie er bemerkt hätte, daß seine Le-
bensgefährtin nicht ganz normal sei. Sie habe pausenlos zu
ihm gesagt: »Du hast Noémi verändert. Sie hat nicht mehr die
gleichen Augen.« Außerdem habe sie angedroht: »Ich glaube,
ich werde eine große Dummheit begehen.« Dadurch beunruhigt, habe er sie bei der im sechsten Monat fälligen Pflichtun-
tersuchung von Alexis begleitet, um mit dem Arzt zu sprechen.
Dieser habe ihn beruhigt, er habe offenbar nicht erkannt, daß
die Mutter Wahnvorstellungen habe. Elf Tage später war das
kleine Mädchen tot.

Als ich den Vater zum erstenmal sehe, kommt er gerade aus
dem Krankenhaus, da er einen Selbstmordversuch gemacht
hat. Wie stellt er sich nun sein Leben vor? »Entweder beginne
ich ein neues Leben mit einer Frau, die mich versteht und
mein Kind aufnimmt, oder ich begehe Selbstmord. Ich könnte
mich selbst töten, nicht aber andere.« Und er ergänzt: »Jetzt,
da ich Sie gesehen habe, weiß ich, daß Alexis, selbst wenn ich
sterben sollte, in guten Händen sein wird.« Zu seinem Sohn
gewandt, fügt er hinzu: »Du wirst nicht im Stich gelassen werden, es wird jemand für dich sorgen und sich um deine Erziehung kümmern, selbst wenn ich sterben sollte. Sie sind dafür
da!« Ich bin einige Sekunden sprachlos und höre mich dann
zu Alexis sagen: »Dein Vater hat keine Lust mehr zu leben,
seitdem deine Schwester tot und deine Mutter in der Nervenheilanstalt ist. Er glaubt, daß du ihn nicht mehr brauchst, weil
man sich im Säuglingsheim um dich kümmert und du hierher
kommst.« Zum Vater sage ich: »Ich bin nicht für Alexis verantwortlich und kann auch absolut nicht für seine Erziehung sorgen, selbst wenn Sie morgen sterben sollten. Andere Personen

könnten dies zwar tun, aber niemand kann sie als Vater ersetzen. Für Alexis sind Sie nicht einer von vielen Vätern, sondern sein Vater. Auch Sie haben einen Vater gehabt, ich weiß zwar nicht, ob er sie großgezogen hat, aber auf jeden Fall haben Sie nur einen Vater gehabt!« Herr B. war einverstanden, daß ich seinen Sohn wiedersehe, und stimmte mir letztlich bei, daß es, selbst wenn er zum jetzigen Zeitpunkt seinen Sohn nicht betreuen könne, noch lange nicht bedeute, er sei durch jemand anderen ersetzbar. Übrigens scheint Herr B. einige Probleme mit der Gesellschaft zu haben. Beim Hinausgehen rief er: »Ich habe doch wohl das Recht, mich über die Gesellschaft zu ärgern!« Natürlich ...

Mein unmittelbarer Eindruck nach der Sitzung war, daß sich niemals ein Drama deutlicher angekündigt hatte. Doch Herr B. hat es, trotz seiner Versuche, nicht verhindern können. Auch die medizinischen und sozialen Einrichtungen vermochten es nicht. Konnte ich Herrn B., selbst wenn er es so empfand, sagen lassen, daß er einer von vielen Vätern sei? Tatsache ist, daß er seinen Sohn anerkannt und ihm seinen Namen gegeben hat, aber kein väterliches Sorgerecht innehat, da er mit der Mutter nicht verheiratet ist. Aber es sind nicht die elterlichen Rechte, die ihm fehlen, sondern vielmehr die Fähigkeit, sich als Vater zu sehen, der imstande ist, seine Pflichten seinen Kindern gegenüber wahrzunehmen, insbesondere auch ihren körperlichen Schutz. Wie er es zuließ, daß die Mutter die Tochter tötete, so zieht er es auch vor, die Pflege seines Sohnes anderen zu überlassen, die er für qualifizierter hält, und läßt ihm nur seinen Namen. Obwohl ich nichts oder beinahe nichts von seiner Vergangenheit weiß, habe ich dennoch versucht, ihn auf seinen eigenen Vater zu verweisen, um ihm die symbolische Funktion deutlich zu machen, die tiefgreifender ist als die Funktion des Erzeugers oder Erziehers. Sein

Name kann nicht einer von vielen Namen sein: Er bezeichnet ein Subjekt und nicht ein Objekt.

Herr B. befindet sich seit jenem Gespräch selbst in einer therapeutischen Behandlung. Er spricht nicht mehr davon, Selbstmord begehen zu wollen, und besucht auch seinen Sohn so regelmäßig wie möglich.

Mit neun Monaten ist Alexis ein schönes Baby mit einem seltsamen, beunruhigenden Blick. Man erinnere sich, daß die Mutter, wenn sie in die Augen ihrer Tochter schaute, geglaubt hat, daß ihr Kind ausgetauscht worden wäre. Da er sich in den Armen der Säuglingsschwester völlig steif macht, kann sie ihn nicht bequem tragen: Sie ist genötigt, sich auch steif zu machen und ihre Haltung dauernd zu wechseln. Als ich ihn in einer so unbequemen Position sehe, sage ich zu Alexis, daß er wahrscheinlich zu Hause seine Mutter *tragen* mußte. Hier jedoch müsse er seine Säuglingsschwester nicht tragen, denn *sie* würde ihn tragen. Als ich zu ihm spreche, entspannt er sich plötzlich und läßt sich tatsächlich tragen. Ich glaube, daß Françoise Dolto auf diese Idee gekommen ist, als sie Mütter und Kinder in der Maison verte beobachtet hat: Eine erschöpfte Frau, die ein Kind trägt, ermüdet noch mehr; wenn das Kind in ihren Armen einschlafen will, nimmt es in ihrer Anspannung die Ermüdung wahr und will seinerseits seine Mutter tragen. Das erklärt auch einige Einschlafszenen, von denen uns manchmal berichtet wird: Mutter und Kind erschöpfen sich dabei, einander zu tragen, sie gehen so lange im Zimmer hin und her, bis der Erschöpftere, und das ist nicht immer das Kind, einschläft.

Der Vater ist also damit einverstanden, daß Alexis, solange seine Mutter in der psychiatrischen Anstalt ist, im Säuglingsheim bleibt. Er befürwortet es, daß er zu mir kommt, und weiß nun, daß niemand ihn ersetzen kann und will.

In der folgenden Sitzung zeigt Alexis zwei unterschiedliche, sich abwechselnde Verhaltensweisen: Einerseits hat er einen abwesenden Blick und dreht seinen Kopf an der Schulter der Säuglingsschwester hin und her (er hat an dieser Stelle des Kopfes keine Haare mehr); andererseits sitzt er aufrecht, schaut mich an und spielt mit einem Filzstift, wobei er kleine Schreie ausstößt, wenn dieser herunterfällt. Er sucht nicht mit seinen Augen nach ihm: Wenn er runtergefallen ist, ist er weg. Die Säuglingsschwester berichtet mir, daß er sich im Säuglingsheim vor allem in seinem Bett wohlfühle, häufig seinen Kopf hin und her drehe und an manchen Tagen lange weine. Sein Vater habe ihn besucht, sich mit ihm beschäftigt und weniger deprimiert gewirkt. Ich sage zu Alexis, daß der Filzstift, den er soeben habe fallen lassen, noch immer an der gleichen Stelle auf dem Boden liege, selbst wenn er ihn nicht sehen könne. Seine Mutter, die er auch nicht sehe, sei in der Nervenheilanstalt; er werde sie mit Sicherheit wiedersehen; seine Schwester allerdings sei tot; sie würde er niemals wiedersehen. Er hört mir sehr aufmerksam mit einem starren Blick zu. Als ich zu reden aufhöre, beginnt er wieder mit dem Kopf hin und her zu schaukeln.

Alexis, der sich bis zum Alter von neun Monaten so gut wie nicht bewegt, aber sehr viel geweint hatte, gewinnt sehr schnell seine motorische Autonomie, wobei das Schaukeln des Kopfes immer seltener wird. Zu seinem ersten Geburtstag hat ihm seine Mutter einen Brief geschickt, der ihm vorgelesen wurde und in dem sie schreibt, wie sehr sie sich wünscht, ihn wiederzusehen. Sein Vater kommt weiterhin jeden Sonntag. Er möchte für seinen Sohn einen Platz in einer Pflegefamilie finden, die in seiner Nähe wohnt.

Als Alexis fünfzehn Monate ist, fällt mir zu meinem großen Erstaunen auf, daß in seinem Blick nichts Außergewöhnliches mehr liegt. Seine Augen, die so riesig schienen, und sein Blick, der einen so seltsam anrührte, haben ihre Besonderheit verloren.

Da ich mit der Mutter niemals gesprochen habe und auch keine Auskünfte über sie erhielt, ist es schwer, sich ein Bild davon zu machen, wie Alexis' Leben gewesen sein mag. Ich weiß nur, daß sie depressiv war und Wahnvorstellungen hatte, wobei diese sich allerdings nicht an Alexis festmachten. Dennoch kann man wohl annehmen, daß die Pflege des Kindes von mangelndem körperlichen Kontakt und einigen Eigentümlichkeiten gekennzeichnet war. Die Veränderungen, die in seinem Leben durch den Tod der Schwester eingetreten sind, haben auch ihn verändert. Die Tatsache, daß man ihn über den Grund des Bruches aufklärte, die Krankheit seiner Mutter beim Namen nannte und erklärte, hat sicher sein Leid nicht verringert, aber es hat ihm wahrscheinlich Vertrauen in seine eigenen Wahrnehmungen gegeben und ihm ermöglicht, selbständig zu werden, was für seine weitere Entwicklung von großer Bedeutsamkeit sein wird.

Wie kann man sich selbst schaffen?

Die Geschichte von Louis (fünf Jahre) und seinem jüngeren Bruder Charles (vier Jahre) wird mir ohne ihr Beisein von zwei Helferinnen der ASE berichtet. Die ältere der beiden ist sehr bewegt, als sie mir die Geschichte der Familie erzählt, da sie sich von der fatalen Entwicklung der Ereignisse, die drei Jahre zuvor stattgefunden haben, persönlich betroffen fühlt. Aus diesem Grund hatte sie auch darum gebeten, vor den Kindern mit ihrer Kollegin kommen zu dürfen.

Die Mutter der beiden Jungen, die von ihrem Mann geschlagen wurde, hatte mehrfach Strafanzeige erstattet; dies hatte aber keine gerichtliche Folgen gehabt. Eines Tages flieht sie mit ihren beiden Kindern aus der gemeinsamen Wohnung, weil ihr Mann den älteren Sohn wieder einmal brutal geschlagen hat. Da ihre eigene Mutter und ihr Bruder sie nicht bei sich aufnehmen wollen, bringt sie die Kinder nach einigen Tagen des Umherirrens im Säuglingsheim unter. Alles verläuft so überstürzt, daß die Richterin sogar vergißt, die Anordnung für eine vorübergehende Unterbringung zu unterschreiben. Beim Eintritt sind Louis (zweieinhalb Jahre) und Charles (achtzehn Monate) völlig durcheinander: Nachdem sie einige Tage schutzlos mit ihrer Mutter umhergeirrt waren, sind sie zum ersten Mal in ihrem Leben brüsk von ihr getrennt worden. Dies war die einzige Lösung, die man gefunden hat, damit die Frau ihre Kinder vor deren Vater schützen kann ...

Die Mutter, immer noch voller Angst vor ihrem Mann, der sie mit dem Tod bedroht, weigert sich, ihm zu sagen, wo die Kinder sind. Sie besucht sie aber so häufig wie möglich und hat sich auch auf die Suche nach einer Wohnung und einer Arbeit gemacht. Obwohl sie die französische Sprache nicht gut beherrscht, und noch weniger die Schrift, hat sie Strafanzeige erstattet und auch bei einem Anwalt die Scheidungsklage eingereicht.

Die Stellvertreterin der Jugendrichterin, die in Urlaub war, wollte die Verantwortung für die von ihrer Kollegin unterlassene Unterschrift nicht übernehmen und die Anordnung für eine vorübergehende Unterbringung nicht unterschreiben. Deshalb hat niemand dem Vater zu sagen gewagt, wo sich seine Kinder befanden, die gesetzlich nicht geschützt waren und die er einfach hätte mit sich nehmen können.

Einen Monat später begegnet der Vater der Mutter auf der Straße, er wirft sich auf sie, tötet sie mit Messerstichen und

läßt sich dann, ohne Gegenwehr zu leisten, verhaften. Die
Kinder werden noch am selben Abend über den Tod ihrer
Mutter und die Verhaftung des Vaters informiert.

Im Gefängnis beginnt der Vater gleich am ersten Tag einen
Hungerstreik, um seine Kinder zu sehen. Eine Sozialhelferin
kann ihn überzeugen, den Streik aufzugeben, und der erste
Besuch der Kinder findet vier Monate nach dem Mord an der
Mutter im Gericht statt. Der Vater wollte seinen Söhnen nicht
sagen, daß er ihre Mutter getötet hat; auch nicht, daß er sich
im Gefängnis befindet, obwohl man sie nach der Tat ausführlich darüber informiert hatte und sie den Vater auch in Anwesenheit von Polizisten wiedersehen ...

Die Familie der Mutter, die sie und ihre Kinder nicht hatte
beherbergen wollen, äußerte den Wunsch, die Kinder bei sich
aufzunehmen (aus Schuldgefühlen? aus Rache?), nach einer
Vorladung bei der Jugendrichterin aber zog sie diese Entscheidung zurück. Die Richterin sprach dem Vater und der Familie
der Mutter (die niemals gekommen ist) ein monatliches Besuchsrecht zu. Der Vater wollte seinem Bruder die Kinder an-
vertrauen, doch durfte dieser das Land nicht verlassen, da er
wegen einer Familienaffäre unter Mordanklage stand.

Louis, den die Säuglingsschwestern anfangs ausgesprochen ruhig gefunden hatten, begann nach der Nachricht vom
Tod seiner Mutter, die Säuglingsschwester mit einem Messer
zu bedrohen.

Nach einem achtzehnmonatigen Aufenthalt im Säuglingsheim wurden Louis und Charles mit dem Einverständnis des
Vaters in einer Pflegefamilie untergebracht. Bei der ersten Behandlungsstunde befinden sie sich bereits seit einem Jahr in
der Familie und sind fünf und vier Jahre alt. Die Pflegemutter
und ihr Mann haben Kontakt zum Vater aufgenommen und
bei den Kindern Partei für ihn genommen, indem sie ihnen

sagten, daß er es nicht mit Absicht getan habe. Der Vater ist vom Schwurgericht zu zehn Jahren Gefängnis verurteilt worden, ohne Einbuße seiner elterlichen Rechte.

Die für die Kinder zuständigen Personen der ASE (wie auch die Jugendrichterin) sind alles Frauen, die vom Vater bedroht und terrorisiert werden, und das nicht nur während der Besuche im Gefängnis. Da die elterlichen Rechte nur für die Zeit, da dieser in Haft ist, auf sie übertragen wurden, machen sie sich natürlich darüber Sorgen, was passieren wird, wenn der Vater wieder auf freien Fuß gesetzt wird. Sie fürchten um ihr Leben und das ihrer Angehörigen, denn der Tag der Freilassung scheint ihnen nicht mehr sehr fern zu sein. Die Atmosphäre ist sehr gespannt, und die Betreuerinnen diskutieren vor mir sehr lange darüber, ob dem Vater die elterlichen Rechte für immer hätten aberkannt werden sollen oder nicht.

Das dem Vater zugesprochene monatliche Besuchsrecht wird im Prinzip eingehalten: Die Kinder werden von einer Betreuerin ins Gefängnis begleitet; sobald diese oder die Richterin nicht da sind, wird der Besuch jedoch verschoben. In der Pflegefamilie hat sich Louis äußerlich gut gemacht: Er hat schnell ein gutes Sprachvermögen erworben, er äußert sich zwar nur selten, hört aber genau zu; auch seine körperliche Entwicklung ist zufriedenstellend, er ist fast nie krank. Er geht in die Vorschule, in der er relativ unauffällig ist, da er Angst hat, mit den Erwachsenen und den Kindern Kontakt aufzunehmen. Außerdem tut er sich schwer, sich in Raum und Zeit zu orientieren. Wie man mir sagte, ähnelt er äußerlich mehr seiner Mutter, während sein Bruder seinem Vater gleichsieht. Wenn man bedenkt, daß er es war, der vom Vater mißhandelt wurde, so erklärt das vielleicht einiges.

Beim ersten Gespräch habe ich den Eindruck, daß es den Erwachsenen am dringlichsten ist, mit mir zu sprechen. Das

Thema ist auch hier wieder das Drama, das sich zwar angekündigt hat, das aber weder die Polizei, die Justiz, noch die sozialen Einrichtungen haben verhindern können. Die Personen, die in Kontakt mit den Kindern geblieben sind, haben
große Schuldgefühle, sowohl was die Vergangenheit als auch
die Zukunft der Kinder betrifft.

Wir kommen überein, daß die beiden Kinder bei verschiedenen Analytikern eine therapeutische Behandlung beginnen
sollen; Louis wird mir zugewiesen, er ist nun fünf Jahre alt,
der Tod seiner Mutter liegt zweieinhalb Jahre zurück.

Die Betreuerin der ASE kommt mit Louis wieder und erzählt
nochmals vor ihm, was sie mir im vorausgehenden Gespräch
gesagt hat. Sie tut dies allerdings in einer Sprache, die ich zwar
exakt, aber ein wenig schlicht finde und die wohl dazu dienen
soll, unter dem Vorwand, sich auf das angenommene Niveau
des Kindes zu begeben, die Härte der Tatsachen abzumildern
und ihr Schuldgefühl zu vertuschen. Sie ist absolut davon
überzeugt, daß der Mord hätte verhindert werden können,
wenn man zum Schutz der Kinder bessere Vorkehrungen getroffen hätte und wenn der Vater informiert worden wäre. Die
Mutter sei in ihrem Heimatland beigesetzt worden, ihr Foto sei
zerrissen, als der Rahmen kaputt gegangen sei, und dann ver-
nichtet worden. Es konnte bisher noch nicht ersetzt werden, da
die Familie der Mutter sich weigere, das Familienalbum auszu-
leihen. Übrigens sei der Vater damit einverstanden, daß seine
Söhne sich einer therapeutischen Behandlung unterziehen.

Während die Betreuerin spricht, sticht Louis das Buttermesser mehrere Male in die Knetmasse, die er auf das Dach
eines kleinen Krankenwagens geklebt hat. Ich habe den Eindruck, daß er den Mord in Szene setzt, wobei er die Rolle des
Täters einnimmt. Er sagt aber nichts dazu.

Louis ist damit einverstanden, ohne seine Begleiterin bei mir zu bleiben. Ich sage ihm, daß ich unter Schweigepflicht stünde und daß er die Möglichkeit habe, zu mir zu kommen, wenn er Sorgen hätte. Mit großem Ernst erklärt er sich bereit wiederzukommen. Er formt dann ein Männchen aus Knetmasse, das keinen Namen hat und nicht stehenbleibt. Da die Sitzung bereits länger als eine Stunde gedauert hat, muß ich sie beenden.

Die folgende Stunde ist dafür um so kürzer. Erste Überraschung: Er bringt mir einen kleinen Kieselstein mit, obwohl ich mich nicht daran erinnern kann, von einer symbolischen Bezahlung gesprochen zu haben! Da es mir schwerfällt, mir vorzustellen, wie er auf den Gedanken gekommen ist, ohne daß ich mit ihm darüber gesprochen habe, lege ich ihn einfach in meine Schublade. Später erfahre ich, daß der Analytiker seines Bruders mit diesem davon gesprochen hat und daß sich die beiden wohl darüber unterhalten haben ... Louis hat es während der ganzen Dauer der Behandlung niemals versäumt, seine symbolische Bezahlung mitzubringen, obwohl wir nicht explizit darüber gesprochen haben.

Nach dem Beispiel von Françoise Dolto bitte ich die Kinder häufig in einem passenden Augenblick (der nicht immer in die erste Stunde fallen muß), mir einen kleinen Kieselstein, ein Fünf-Centimes-Stück oder eine gebrauchte Briefmarke als »symbolische Bezahlung« mitzubringen. Das soll ein Zeichen dafür sein, daß das Kind die Behandlung selbst will, unabhängig von dem Wunsch seiner Eltern oder gesetzlichen Vertreter, die mit Geld bezahlen. Viele Analytiker haben diese Art von Bezahlung eingeführt, sind aber wieder davon abgekommen, weil sie, wie sie sagen, den Nutzen nicht haben sehen können. Auch ich persönlich halte die Handhabung der Bezahlung für

eine extrem schwierige Sache. Es ist sicherlich nicht nur ein
einfacher »Trick«, der es dem Analytiker erlaubt zu wissen, ob
das Kind, Sitzung für Sitzung, wirklich die Therapie möchte.
Für das Kind, mit dem man eine solche Vereinbarung getroffen hat, bekommt die Bezahlung eine große Bedeutung, besonders wenn es sich um in Obhut genommene Kinder handelt,
da die Bezahlung das Kind als ein Subjekt repräsentiert, das
für sich selbst die Verantwortung übernimmt. Zwar kann man
natürlich nicht die Sitzung eines Kindes, das seinen Kieselstein »vergessen« hat, einfach ausfallen lassen, doch man
kann versuchen, gemeinsam den Sinn dieses Vergessens zu er-
gründen. Das erste absichtliche Nicht-Mitbringen ist stets von
großer Bedeutung. Die Sitzung findet dann nicht statt: Wenn
das Kind klar zu verstehen gibt, daß es seine Stunde nicht will,
muß es respektiert (und nicht bestraft!) werden, denn schließlich geht es darum, daß es selbst einen Bezug zu seinen eigenen Wünschen herstellt. Allerdings läuft man dabei Gefahr,
von der Begleiterin völlig falsch verstanden zu werden. Diese
nämlich sieht das Kind nach fünf Minuten herauskommen
und hat die Sitzung ihrerseits zu bezahlen. Manchmal weiß
das Kind noch nicht einmal, daß es etwas für sich selbst wünschen kann; die therapeutische Arbeit könnte in diesem Fall
darin bestehen, daß es zu erkennen lernt, daß es nicht nur dafür da ist, die Wünsche seiner Eltern zu erfüllen. Manchmal
möchte ein Kind kommen, gleichzeitig aber auch nicht.

Die Handhabung der symbolischen Bezahlung fordert
Konsequenz und Eindeutigkeit, denn nur dann läßt sich der
Gebrauch verstehen und interpretieren, den das Kind davon
macht. Man sollte das Kind dabei nicht nach eigener Lust und
Laune handeln lassen (man sollte ihm zum Beispiel nicht er-
lauben, statt dem Kieselstein ein Geschenk oder mehrere
Steine auf einmal mitzubringen oder mit den Steinen in Rück-

stand zu bleiben), sondern auf eine strikte Einhaltung der vereinbarten Bezahlung achten. Es ist auf jeden Fall sehr sinnvoll und lehrreich, wird doch häufig gerade an der symbolischen Bezahlung die Ethik der Psychoanalyse und der psychoanalytischen Technik festgemacht: Wenn zum Beispiel ein Kind im Begriff ist, sich von seinen Eltern zu lösen, kann es versuchen, den Analytiker zu einem Ersatz für seinen Vater oder seine Mutter zu machen; der Analytiker muß jedoch vermeiden, das zu *tun*, was das Kind von ihm verlangt (um nicht Vater oder Mutter zu »sein«, die er in keinem Fall ersetzen kann und soll), und die Bezahlung fordern, die dem Kind erlaubt, Distanz zu dem Analytiker zu wahren. Ein anderes Beispiel: das Kind hat eine sehr negative Übertragung; es kommt, um zu sagen: »Ich will dich töten« oder: »Es interessiert mich nicht zu kommen«. Wenn es so etwas sagt, dann tut es das aus einer inneren Notwendigkeit; es kann sich dies auch erlauben, weil es dafür zahlt, daß man ihm im Rahmen seiner Sitzung zuhört.

Nachdem Louis mir seinen Kieselstein gegeben hat, zerdrückt er einige Knetstücke am Boden einer Tasse. Das erste, worum er mich bittet, ist, seinen Vornamen zu schreiben. Er verfolgt dies mit großem Interesse (sein Knetmännchen in der vorangegangenen Stunde hatte keinen Namen). Nun sind es ja meist die Eltern, die ihrem Kind einen Vornamen geben, wenn es auf die Welt kommt: Der Name bezeichnet keinen Körper, sondern die Existenz eines Subjekts. Indem Louis mich bittet, den Vornamen zu schreiben, den seine Eltern ihm gegeben haben, scheint er mir klar zu zeigen, daß er ein Subjekt ist ... zu Beginn der Analyse: Der namenlose Körper der ersten Stunde ist nun der Sprache unterstellt. Er sagt zu mir: »Ich werde heute nicht zu MacDo gehen.« (Wenn er seinen Vater besucht, geht er danach bei Mac Donald etwas essen. Da aber seine Betreuerin in Urlaub ist, kann er weder ins Gefängnis noch zu Mac Donald gehen.) Er möchte, daß ich ihm Datum und Uhrzeit der nächsten Stunde auf einen kleinen Zettel notiere. Er kennt aber weder die Wochentage noch die Monate, noch die Uhrzeit. Dies könnte ein Hinweis auf Schwierigkeiten sein, die seine Mutter gehabt haben mag, das soziale Leben zu bewältigen.

Dann sagt er, daß er gehen möchte. Ich frage ihn, ob er mir noch etwas sagen wolle, bevor er geht?

Louis: »Wir haben schon von meinem Vater gesprochen.«

– »Von deinem Vater, der im Gefängnis ist?«

Louis: »Ja. Kann ich nun gehen?«

– »Du schon, aber er kann nicht gehen. Wir werden wieder von ihm sprechen, wenn du es möchtest.«

Erst später fällt mir auf, daß zwar viel vor ihm über seinen Vater gesprochen wurde, daß er selbst aber noch nie über ihn gesprochen hat. Doch statt mit ihm über diese offensichtliche Tatsache zu sprechen, versuche ich, ihn ziemlich ungeschickt auf einen Unterschied zwischen ihm und seinem Vater hinzuweisen: Der eine ist im Gefängnis, der andere nicht; er kann von seiner Freiheit Gebrauch machen; er kann zu mir kommen oder nicht, um über seinen Vater zu reden.

Die folgenden Behandlungsstunden, die sich über ein Jahr erstreckten, können hier natürlich nicht vollständig wiedergegeben werden. Ich möchte aus ihnen nur einige Schlüsselmomente herausgreifen und in ihrer Chronologie darstellen. Während der Analyse hatte ich nicht das Bedürfnis verspürt, meine Notizen wieder hervorzuholen. Doch als ich sie später im Ganzen durchlas, schienen mir diese Fragmente sehr gut die phantastische Arbeit zu illustrieren, die ein Kind leisten kann, allerdings auch die Schwierigkeit, diesem gegenüber eine empathische Präsenz aufrechtzuerhalten, damit es sich zu einem Subjekt entwickeln kann.

April – Louis fragt mich nach dem Namen eines kleinen Mädchens, das er aus meinem Zimmer hatte kommen sehen. Ich lehne es ab, ihm den Namen zu sagen, und erkläre ihm, daß ich bei *allen* Kindern an meine Schweigepflicht gebunden sei und nicht nur bei ihm. Während der gleichen Sitzung bohrt er mit der Schere ein Loch in den Schnuller (dieses Material befindet sich zu seiner Verfügung auf dem Tisch) und sagt dabei, wie in einem Traum, ohne sich an mich zu wenden:» Für wen ist diese Droge? Papa aß Drogen, als ich klein war.«

Juni – Louis spielt mit kleinen Autos, einem Polizeiauto und einem Notarztwagen. Das Polizeiauto rammt den Krankenwagen, der sich überschlägt. Ich sage: »Die Polizei hat deinen Papa ins Gefängnis gebracht, und der Notarztwagen hat deine Mama weggebracht.«

– »Nein, man hat sie unter die Erde gebracht.«

– »Dein Papa hat den Unfall gemacht, der deine Mama getötet hat. Der Notarzt hat sie weggebracht, aber sie ist bereits tot gewesen, und danach hat man sie in der Erde des Landes begraben, wo sie geboren ist. Was dein Vater getan hat, ist vom Gesetz verboten, deshalb ist er nun im Gefängnis.«

Anfang September – »Woher kommt man?« Nachdem ich ihn gefragt habe, ob er da eine Idee habe, sage ich ihm, daß die Babys aus dem Bauch ihrer Mutter kommen, und füge hinzu, daß die Personen, die im Gefängnis sind, aus dem Gefängnis kommen, wenn sie ihre Strafe verbüßt haben. Er antwortet: »Mein Vater wird bald herauskommen.« Zu einem späteren

Zeitpunkt in der Stunde legt er ein Stück Knete, so wie es ist, ins Innere des Notarztwagens und sagt: »Das da ist meine Mutter.«

Ende September – Am Anfang der Stunde möchte er, daß ich ihm »Schiff« und »Flugzeug« auf ein kleines Papier schreibe. Gegen Ende nimmt er einen Umschlag, steckt das Blatt hinein und fragt mich, ob er es mitnehmen könne. Da es sich nicht um eine seiner eigenen Produktionen handelt, erkläre ich mich einverstanden, weise ihn aber auf die Regel hin, die für seine Zeichnungen gilt: Sie müssen in seiner Mappe bleiben. Diese Regel dient dazu, das Arbeitsfeld des sich in Therapie befindenden Kindes abzustecken: Es kommt nicht, um Objekte zu schaffen, sondern um zu reden und angehört zu werden. Die Bilder sind Zeichen dieser Kommunikation und bleiben somit zwischen uns, in dem Container, in dem auch die gewechselten Worte verwahrt werden.

An jenem Tag trägt er eine Uhr, ein Geschenk seines Vaters, auf die er sehr stolz ist. Es handelt sich dabei um ein Objekt von ganz anderer Natur: es ist ein Geschenk seines Vaters, und es ist nützlich.

Oktober – »Ich habe meinen Vater an einem Mittwoch gesehen, und ich bin in einem chinesischen Restaurant gewesen. Ich werde ein Schild malen, das ist für meine Kindergärtnerin.« Er zeichnet einen Kreis, der, wie er sagt, »Rauchen verboten« bedeutet. Dann zerreißt er es: »Es sind eigentlich die Männer, die rauchen. Früher hat mein Vater geraucht, jetzt raucht er nicht mehr.« Er versucht zweimal das Schild neu zu malen, aber es mißlingt ihm: »Mein Vater kommt aus dem Gefängnis, dann holt er mich für die Ferien ab.« (Wenn man die Verbote für Männer abschaffen würde, indem man sie zerreißt, wäre sein Vater, der sie überschritten hat, nicht im Gefängnis, er würde ihn in die Ferien mitnehmen. Was für ein Traum!) Am Ende der Sitzung steckt er ein zerrissenes Schild, das er wegwerfen wollte, in einen Umschlag und nimmt es mit; ich erinnere ihn an die Regel (alle Bilder müssen in seiner Mappe bleiben), jedoch ohne ihn dazu zu zwingen, sie einzuhalten. Danach habe ich das Gefühl, daß ich mich von ihm habe überlisten lassen: Da das »Mißlungene« genauso Bestandteil der Sitzung ist, hätte ich ihn die Zeichnung nicht mitnehmen lassen dürfen, selbst wenn sie für den Papierkorb bestimmt war.

November – Er zeichnet ein Schild »Überholen verboten« und fragt mich: »Bist du auch in den Kindergarten gegangen, als du noch klein warst?« (Er ist das letzte Jahr im Kindergarten.) Ich bejahe, und wir reden über die Unterschiede zwischen seinem und meinem Kindergarten.

Dezember – Er zeichnet eine Frau: das ist Tata (seine Pflegemutter). Sie füllt die Mitte des Blattes aus. Sie hat weder Arme noch Beine, aber ihr Kopf wird von einem Regenschirm geschützt. Am unteren und linken Blattrand fügt er noch zwei Fische hinzu sowie oben eine kleine Sonne, an deren linker Seite eine blaue Masse klebt. Ich glaube, daß er auf dem Blatt das Bild einer mütterlichen Figur darstellen wollte, als er noch sehr klein war (das Alter eines Fisch-Fötus hatte). Die Frau ist ziemlich hilflos, da sie weder Arme noch Beine besitzt, ihr Kopf aber wird von einem fein gezeichneten Regenschirm geschützt, der an einen Sonnenschirm erinnert. Man hat den Eindruck, daß die Frau schreit oder erschreckt ist. Sie schaut nach rechts, und ihre schwarzen Haare weisen auch in diese Richtung. Ihr Hals ist sehr voluminös, ihre Weiblichkeit ist durch die Trapezform ihres Kleides markiert. Die Sonne scheint aufgrund ihrer Größe sehr weit weg zu sein, allein die blaue Masse gibt ihr eine gewisse Präsenz. Der Fisch in Form einer horizontalen Acht ist, wie auch der Regenschirm, mit einem Bleistift gezeichnet. Ihre feinen Konturen kontrastieren seltsam mit dem dicken Strich des Filzstiftes, mit dem die Sonne und die Frau gemalt sind. Auch der Fisch schaut nach rechts, ist aber nicht farbig angemalt, so als wäre er noch nicht wirklich geboren. Louis äußert sich zu seiner Zeichnung nicht, und auch ich sage nichts dazu.

Anfang Januar – Als er kommt, kündigt er gleich lautstark an, daß er das Bild, das er nun malen wolle, mitnehmen werde. Ich erinnere ihn daran, daß alles, was er während der Stunde mache, in der Mappe bleiben müsse, und füge hinzu, daß ich es ihn nicht mitnehmen lassen werde. Darauf macht er einen anderen Vorschlag: Er werde etwas mitnehmen, was man sowieso in den Papierkorb werfe. Dieses Mal lehne ich ab, indem ich zu ihm sage: »Du bist mehr wert als das.« Er tut so, als hätte er es nicht gehört. Nach einigen weiteren Vorschlägen sage ich zu ihm: »Dein Vater ist im Gefängnis, weil er das Gesetz übertreten hat; du bist gerade im Begriff auszutesten, ob man sich über Regeln hinwegsetzen kann. Man kann es nicht.« Er ist zunächst wütend, dann traurig. Er verbirgt seinen Kopf zwischen seinen auf den Tisch gestützten Armen. Dann legt er sich, ohne etwas zu sagen, zwischen zwei Stühlen auf den Boden. Auch ich sage nichts. Er setzt sich auf, wobei er mir den Rücken zuwendet, und spricht im folgenden kein Wort mehr. Als ich nach einer ziemlich langen Zeit die Stunde beende, verläßt er würdevoll das Zimmer, bricht aber im Wartezimmer heulend und schreiend zusammen. Nach fünf Minuten Weinen und Schreien gehe ich zu ihm und sage: »Du hast die Kraft, es zu ertragen, daß man von dir die Einhaltung der Regeln verlangt.« Er hört augenblicklich auf zu schreien, steht auf und verläßt sehr verstimmt den Raum.

Seit einigen Sitzungen geht es in der Therapie um Verbote, denen Erwachsene und auch Kinder unterworfen sind: Louis hat zunächst im Zusammenhang mit seinem Vater von Drogen gesprochen. (Wußte er, daß sein Vater vor dem Mord bereits straffällig geworden war?) Dann hat er geprüft, ob ich mich an die Schweigepflicht halte, auch wenn er etwas wissen möchte. Danach hat er die Verbotsschilder »Rauchen verboten« (früher hat sein Vater geraucht, nun raucht er nicht mehr) und »Überholen verboten« gemalt, und zuletzt versuchte er ganz offen, das Verbot, seine Zeichnungen mitzunehmen, zu überschreiten. Er fällt in sich zusammen, als ich ihm die Einhaltung der Regel aufzwinge, scheint aber andererseits ziemlich erleichtert, als ich ihm sage, daß er die Kraft habe, dies zu ertragen: Die Regeln sind für alle dieselben, und es ist ein Zeichen von Kraft, sie zu respektieren, und bedeutet keineswegs eine Vernichtung der eigenen Person.

Zudem gab es da noch eine andere Sache, deren Bedeutung mir erst später klar wurde: Louis hatte in der Phase seines allmählichen Austestens der Regeln einige kleine Dinge mitnehmen können (ein Blatt, auf das ich zwei Worte geschrieben hatte, eine mißratene Zeichnung); dies war bei seinem Bruder nicht der Fall, denn dessen Therapeut hatte von Anbeginn eine konsequente Einhaltung der Regel gefordert (alles, was in der Sitzung gemacht wird, bleibt dort). Da ihre Stunden zur gleichen Zeit im gleichen Therapiezentrum stattfanden, trafen sich die Kinder danach im Wartezimmer. Der eine aber hatte etwas mitbekommen, der andere nicht. Weil ich ihm nun untersagt hatte, ein Bild mitzunehmen, fand er sich auf gleicher Stufe mit seinem Bruder, was wahrscheinlich

ein weiterer Anlaß für seinen Ärger und Kummer war, denn
damit war ihm eine Möglichkeit der Unterscheidung genommen. Man erinnere sich daran, daß auch der Vater die Kinder
nicht gleich behandelte, er schlug nur den älteren ...

Vor der darauffolgenden Sitzung hatte ich ein etwas ungu-
tes Gefühl: Ich machte mir Gedanken, ob er die »Probe« gut
überstanden hatte. Doch er kommt gutgelaunt und voller Aktivität in die Stunde und läßt mich seine neuen Schuhe be-
wundern. Er zeichnet »eine Hexe, die seiner Mama ähnelt«
(wahrscheinlich mich in der letzten Stunde ...). Auch diese
hat keine Arme, dafür aber Beine und Füße, die es ihr erlauben, mit kraftvollem Schritt nach rechts zu gehen. Ihr kleiner,
runder Kopf ist ganz rot, ihre Augen, Augenbrauen und ihr
Mund sind schwarz. Sie trägt einen Hut in der Art einer Koch-
mütze, und ihr Hals zieht sich von den Ohren aus lang herab.
Hut und Hals sind längsgestreift, was den Eindruck von
Gitterstäben erweckt. Louis macht nicht die geringste Anspielung darauf, ob er das Bild mitnehmen könne oder nicht. Als
er geht, sagt er zu mir: »Dienstag werde ich Papa besuchen.«

Ende Januar – Louis spielt Polizist. Er zeichnet einen Sheriffstern (zwei übereinanderliegende Dreiecke) und sagt, daß er
eine Waffe brauche. Da es ihm nicht gelingt, eine Pistole zu
zeichnen, bittet er mich, ihm dabei zu helfen. Als er sie daraufhin ausschneiden will, was ihm aber mißrät, malt er selbst eine
neue.

– »Kennst du Polizisten?«

– »Ich werde meinen Vater am Mittwoch besuchen, und
dann sehe ich Polizisten.«

Darauf sagt er, daß er die Waffe und den Sheriffstern seinem Vater beim nächsten Besuch gern mitbringen würde, allerdings scheint er schon damit zu rechnen, daß ich ihm dies

nicht erlaube. Ich tue es denn auch nicht. Er bittet mich dann um einen Briefumschlag, steckt seine Pistole und den Sheriffstern hinein und erklärt mir, als er ihn mir am Ende der Stunde aushändigt: »Das habe ich für Papa gemacht, damit er Polizist wird, wenn er aus dem Gefängnis herauskommt.« Ich antworte ihm, da ich an Kain denken muß, der, nachdem er seinen Bruder Abel getötet hat, von Gott zum Verantwortlichen für die Sicherheit der Städte ernannt wurde: »Dein Vater würde sicherlich ein sehr guter Polizist sein.«

Louis erfaßt instinktiv die extreme Gefahr, die von den Triebimpulsen seines Vaters ausgeht und dazu führte, daß er zum Mörder wurde. Für die Zukunft stellt er sich eine sehr positive Umkehrung der Situation vor: statt seine inneren Triebe auszuleben und zum Mörder zu werden, könnte sein Vater die äußeren Gefahren bekämpfen und zum Beschützer der anderen werden. Man könnte die Triebimpulse und ihre mögliche Sublimierung nicht besser aufzeigen. Es ist wirklich bemerkenswert, daß Louis dazu imstande war. Und er wurde es, nachdem er sich seiner Fähigkeiten bewußt geworden war, ein Verbot einhalten zu können.

März – »Heute habe ich meinen Vater besucht«, bemerkt Louis, während er mit einer unsichtbaren Angel Fischen spielt.

– »Läßt dich das Fischen an deinen Vater denken?«

– »Nein.«

– »Vielleicht denkst du, wenn du deinen Vater besuchen gehst, an deine Mutter?« (Ich versuche, das Angelspiel zu verstehen.)

Er antwortet nicht und schneidet seine Zeichnung (ein Polizeiauto) aus, wobei er ständig über die Linien schneidet. Daraufhin malt er ein neues Polizeiauto und bemüht sich,

dieses der Linie entlang auszuschneiden. Aber es gelingt ihm
nicht.

– »Denkst du, wenn wir von deinem Vater sprechen, an die
Polizei?« (Ich sage das wegen des Polizeiautos.)

– »Nein.«

Ich sage ihm, mir sei aufgefallen, daß er sich, wenn wir
über diese Dinge redeten, viel ungeschickter anstelle als sonst.
Er macht große Anstrengungen, sein Polizeiauto exakt auszuschneiden. Er beginnt mehrere Male und wird dabei immer
ängstlicher und angespannter. Beim letzten Versuch hat er es
beinahe geschafft, ganz zuletzt schneidet er aber das Blaulicht
ab, womit alles verdorben ist. Er hat Tränen in den Augen,
schwitzt und ist vollständig absorbiert von seiner Tätigkeit. Er
zeichnet nun ein neues, größeres Auto, das er auch korrekt
ausschneidet, mitsamt dem Blaulicht. Darauf noch eines,
noch größer, das er gut auszuschneiden beginnt. Seine Augen
sind mit Tränen gefüllt. Ich sage zu ihm: »Ich glaube, ich verstehe deine Anstrengungen. Sie zielen darauf ab, zu beweisen,
daß dein Vater doch jemand Gutes ist, wenn er auch dir und
deiner Mutter Schlimmes angetan hat.« Er schneidet daraufhin in die Räder des letzten Autos, schafft es nicht, von neuem
zu beginnen, und verläßt die Stunde verzweifelt.

Ich habe an diese Stunde eine äußerst unangenehme Erinnerung: die ängstliche Ohnmacht von Louis, etwas Gutes machen zu können, nachdem er gerade von einem Besuch bei
seinem Vater im Gefängnis gekommen ist. Vielleicht hängt es
damit zusammen, daß seine Träume nach Rehabilitierung
zerbrachen, sobald er seinen Vater in der Wirklichkeit sah. Sicherlich darf man aber auch nicht die Bedeutung seines Alters
außer acht lassen, in dem die Lösung des ödipalen Konflikts
ansteht: Ein Polizeiauto, jetzt oder später (die Vergrößerung
des Autos kann auch damit in Zusammenhang gesehen wer-

den, daß er sich gerade in vollem Wachstum befindet), ohne Blaulicht oder ohne Reifen, ist nicht einsatzfähig. In meinem Kommentar teilte ich ihm weniger den von mir vermuteten Sinn seines Tuns mit, sondern vielmehr etwas, was ich ihm gern mitteilen wollte (sein Vater ist von der Gesellschaft des Mordes an seiner Mutter schuldig befunden worden, er bleibt aber dennoch wertvoll, da er ihm das Leben geschenkt hat). Ganz besonders schwierig habe ich in der Stunde auch empfunden, mit jemandem zusammenzusein, der leidet und den man weder trösten kann noch darf, da er kommt, um sein Leiden zu symbolisieren.

Anfang April – Louis wird von seinem neuen Erzieher gebracht, da die Vorgängerin die Betreuung abgegeben hat. Ihm gegenüber zeigt der Vater mehr Achtung und verhält sich auch weniger bedrohlich. Die Pflegemutter will keinerlei Kontakt mehr mit dem Vater haben, da sie sich von ihm bedroht fühlt. Sie war den Forderungen des Vaters, was seine Kinder betraf, weitestgehend nachgekommen, da sie glauben wollte, was er ihnen gesagt hatte: nämlich daß er es nicht habe tun wollen, daß er es sehr bereue usw. Als sie aber merkte, daß er keinerlei Reue zeigte, sondern sie vielmehr bedrohte, begann sie ebenfalls, vor ihm Angst zu haben, und mußte am eigenen Leib erfahren, wie groß sein Haß gegen Frauen ist. Telefonisch hatte man mir außerdem mitgeteilt, daß Louis, der nun in die Schule ging, die Kleinen erpreßte und überall voll Stolz herumerzählte, daß sein Vater im Gefängnis sei, was der Lehrerin einige Probleme machte!

In der Stunde zeichnet er einen Feuerwehrmann, der keine Füße hat (noch einer, der seine zerstörerischen Impulse im Beruf sublimiert hat, der jedoch in seiner Bewegungsfähigkeit eingeschränkt ist, da er keine Füße hat!), dafür aber einen gro-

ßen Nabel. Ich frage ihn, was das sei. Er antwortet: »der
Bauch« und zeigt dabei auf den Nabel. Angesichts dieser
Narbe spreche ich mit ihm über die Nabelschnur, die ihn mit
seiner Mutter verbunden hat. Er fragt mich: »Wie weiß man,
daß es ein Junge ist?« Ich erkläre es ihm. Nach dieser Sitzung,
in der er etwas gelernt hat, geht er mit den halb fragenden,
halb bestätigenden Worten: »Was man weiß, kann man mitnehmen« und deutet sein Verhalten damit selbst als das eines
»Diebes«. Ich antworte ihm, daß man tatsächlich lernen kann,
indem man Wissen vom Lehrer »stiehlt«. Ich sage ihm danach
auch, mir sei mitgeteilt worden, daß in der Schule Klagen darüber laut geworden seien, daß er den kleineren Kindern
Dinge stehlen würde, was doch verboten sei. Ich füge aber
hinzu, daß ich durchaus verstanden hätte, daß das, was er eigentlich wolle, Wissen sei. Seitdem habe ich nie mehr von
Diebstählen in der Schule gehört.

Es war problematisch, daß er stolz herumerzählte, daß sein
Papa im Gefängnis sei, schon weil die anderen Kinder, die wie
er der Meinung waren, daß er einen phantastischen Vater
hatte, das natürlich ihren Eltern erzählten, die dann keineswegs diese Meinung teilten! Andererseits scheint es ganz normal, daß ein Junge von knapp sechs Jahren stolz auf seinen Vater ist, und ich selbst hatte Louis nahezubringen versucht, daß
er sich wegen seiner Ursprünge nicht schämen müsse. Da mir
von seinem Verhalten in der Schule nicht in seiner Gegenwart
berichtet worden war und sich dieses in den Stunden auch
nicht andeutete, habe nicht ich, sondern der Betreuer die Aufgabe übernommen, ihn über die *Wirkung* seiner Äußerungen
auf die anderen aufzuklären (besonders auf die Erwachsenen ...). Er stellte ihm allerdings frei, ob er damit fortfahren
wolle oder nicht.

Ende April – Bei seinem letzten Besuch im Gefängnis traf Louis seinen Vater nicht an, da dieser in eine andere Haftanstalt verlegt worden war, ohne daß man den Erzieher oder die Kinder davon in Kenntnis gesetzt hatte. Der Erzieher hatte mich vor der Therapiestunde angerufen, um mich darüber zu informieren und mir mitzuteilen, daß er das Gefühl gehabt habe, Louis sei darüber eher erleichtert gewesen. Überhaupt habe er den Eindruck, daß die Treffen schlecht verlaufen würden, da der Vater nicht wisse, was er sagen solle und auch mit seinen Kindern nichts anfangen könne, die sehr unruhig seien und sich stritten. Letztlich spreche der Vater nur mit dem Erzieher und habe Mühe, die lärmende, undisziplinierte Anwesenheit seiner Kinder zu ertragen.

Bei dieser Sitzung berichtet mir Louis sogleich: »Ich habe meinen Vater besucht, und er ist nicht dagewesen.« Und er fügt hinzu: »Es gibt etwas, was ich nicht kann, nämlich PAPA schreiben.« Auf seine Bitte schreibe ich es ihm vor, und er kopiert P a, macht eine kurze Pause, in der er einen Fisch unter die beiden Buchstaben zu zeichnen versucht, dann fügt er p a hinzu. Ich frage ihn: »Was hast du da geschrieben?« Er antwortet: »Louis, ach nein! Papa.« – »Du weißt nicht mehr, ob du der Papa bist, oder ob dein Papa der Papa ist?« Er antwortet »ja« und lacht laut. Dann wendet er sich einer Ninja-Turtle-Maske zu, die er im Wartezimmer angefangen hat auszuschneiden. Er schneidet sehr geschickt und scheint dies selbst zu bemerken, denn er sagt: »Das schneidet sich schnell!« In einem nur leise fragenden Ton fügt er hinzu: »Ich kann sie nicht mitnehmen?« Ich weise ihn nochmals auf die Regel hin. In diesem Augenblick steht er auf, sagt: »Ich habe etwas vergessen«, rennt wie der Blitz hinaus und kommt kurz danach wieder mit seinem Kieselstein hereingelaufen.

Diese Stunde kann in Zusammenhang mit der nach sei-

nem letzten Besuch im Gefängnis gesehen werden. Dieses
Mal ist sein Vater, entgegen allen Erwartungen, nicht da. Er
wünscht das Wort »Papa« schreiben zu lernen. Versucht er
damit, die physische Abwesenheit zu symbolisieren, die väter-
liche Funktion zu internalisieren oder evoziert er damit vielmehr den Zeugungsakt? (Er ist der Fisch-Fötus, den er zwischen den beiden »pa«-Silben zeichnet, der einen Mann zu
einem »Papa« gemacht hat, wobei er sich selbst aber als den
Vater seines Vaters zu phantasieren scheint, was ihn sehr zum
Lachen bringt.) In der ersten Stunde hatte mich Louis darum
gebeten, seinen Vornamen zu schreiben, jedoch nicht, um ihn
selbst schreiben zu lernen. In der Zwischenzeit hat er in der
Schule seinen Namen schreiben gelernt, aber mich bittet er
darum, ihm beizubringen, wie man »Papa« schreibt: Es ist
also auch eine Frau nötig, um einen Papa zu machen ...

Seine manuelle Geschicklichkeit beim Ausschneiden der
Tiermaske mit dem menschlichen Antlitz (ein Ninja-Turtle)
erstaunt ihn selbst: Sie steht in seltsamem Gegensatz zu seiner
Ungeschicklichkeit, als er die Polizeiautos auszuschneiden
versuchte. Er hat die Therapieregel nun beinahe internalisiert
und checkt nur lediglich kurz ab, ob ich auf ihrer Einhaltung
bestehe. Das ist eine ganz andere Haltung, als beim Hereinkommen laut zu verkünden, daß er die Zeichnung mitnehmen werde. Zudem wird er dabei an eine andere Regel erinnert, die der symbolischen Bezahlung, die er selbst eingeführt
hat und seit Beginn gewissenhaft einhält: Indem er den Stein
mitbringt, zeigt er, daß er und niemand anderer die therapeutische Behandlung will.

Aus dem Männchen ohne Namen, das unfähig ist zu stehen,
kommt ein Junge zum Vorschein, der im Rahmen der Analyse
und der Übertragung die Szene des Mordes und des Todes sei-

ner Mutter aktualisiert. Es ist anzunehmen, daß er sie betrauert hat, was jedoch nicht heißt, daß sie ihm nicht fehlt oder er nicht auf sie böse ist: Er evoziert seine Mutter bereits tot (im Krankenwagen, in der Erde) oder als Hexe. Er ist damit einverstanden, daß seine Pflegemutter bei ihm die mütterliche Funktion übernimmt, sucht ihre Zuneigung und bringt ihr seinerseits auch Zuneigung entgegen.

Dennoch schikaniert er sie mit seinen Forderungen. Nachdem er von seinen Ursprüngen, seiner Geschichte und seinem Geschlecht »Besitz genommen« hat, kann und mag er auch die schulischen und gesellschaftlichen Anforderungen erfüllen. Seine Liebe zu seinem Vater läßt ihn die verschiedensten Möglichkeiten ersinnen, um wieder mit ihm vereint zu sein, obwohl ihre Beziehung in Wirklichkeit eher schwierig ist. Er vermag die Abwesenheit seines Vaters zu symbolisieren, die Einhaltung eines Verbots als Probe der eigenen Stärke anzunehmen und sich sogar mittels der symbolischen Bezahlung als Subjekt zu setzen. Er findet an der Einhaltung der Regeln Gefallen, nachdem er zuerst versucht war, das Gesetz zu leugnen oder es zu überschreiten, bis das Verbot auch auf ihn seine Wirkung ausübte. Niemand kann heute sagen, was aus ihm einmal werden wird. Aber mit sechs Jahren hat Louis bereits einen bemerkenswerten Weg zurückgelegt: dank der Liebe, die er seinem Vater entgegenbringt. Ohne dabei jedoch die tödliche Gefahr seiner destruktiven Triebe zu verkennen oder zu leugnen, hat Louis für die Bewältigung seiner eigenen Triebimpulse andere Wege als die Überschreitung entdecken können: Er ist im Begriff, Vergangenheit und Zukunft sowie seine Beziehungen zur Gesellschaft zu strukturieren.

Weiß sein Vater, daß man das Gesetz nicht selbst macht, sondern dem Gesetz untersteht? Daran läßt sich wohl zweifeln: Er hat ein Verbrechen begangen und ist gezwungen, die

Strafe, die ihm die Gesellschaft auferlegt, zu verbüßen, dennoch fährt er fort, allen, die es hören wollen oder nicht, zu erzählen, daß er es »für seine Kinder« getan habe. Das Verbot
existiert damit für ihn nicht, es zeitigt, selbst nachdem er es
überschritten hat, keinerlei *Wirkung* auf ihn.

Wie man sehen konnte, haben die Kinder, wenn man das Au-
genmerk auf ihr psychisches Leben richtet, keinerlei Gemein-
samkeit. Nur ein Ereignis des realen Lebens verbindet sie: das
Verbrechen, das von einem ihrer Eltern begangen wurde, und
dessen unmittelbare Folgen, die Trennung und die Trauer. Es
ist nicht die Wirklichkeit allein, die die psychische Struktur
der Kinder schafft, auch erklärt sie sie nicht gänzlich. Das gilt
selbst dann, wenn sie Probleme entstehen läßt, die man als
»reaktiv« bezeichnen könnte. Wenn mir die Kinder vom Personal des Säuglingsheims überwiesen werden, dann nicht *wegen* eines Ereignisses, so schrecklich es auch immer gewesen
sein mag, sondern allein, weil sie Störungen aufweisen, die
Ausdruck dessen sind, wie sie dieses Ereignis *verarbeiten*.
Zumeist erfüllen die Mitarbeiter der ASE ihre Aufgabe gut,
indem sie den Kindern mündlich so genau wie möglich Auskunft erteilen und ihnen eine gute Unterbringung verschaf-
fen. Was ist nun der Unterschied zu der in einer Therapie
ablaufenden Behandlung? Das Kind erlebt nochmals im Kontakt zu mir und mittels der Übertragung die Empfindungen,
die es vor, während oder nach dem Drama hatte, ohne diese jedoch integrieren zu können. Es konfrontiert innerhalb des
therapeutischen Rahmens seine imaginäre Welt mit der Realität. Indem ich auf die psychoanalytische Theorie, meine
Erfahrung mit kleinen Kindern, meine eigene Analyse, die
Fakten, die mir berichtet wurden, und meine Gefühle rekur-
riere, versuche ich, dem Dargestellten einen Sinn zu geben.

Ich greife es auf, fasse es in Worte und bringe es mit den erlebten oder berichteten Ereignissen, die Teil des Familienromans sind, in Zusammenhang. Das nennt man Übertragungsanalyse. Diese ist für den Patienten, unabhängig von seinem Alter, unentbehrlich, insbesondere aber, wenn es sich um sehr kleine Kinder handelt. Der Analytiker darf den Platz des Vaters oder der Mutter nur in der Übertragung und allein in Worten einnehmen. Im besten Fall kann sich das Kind dann mit seiner Wahrheit auseinandersetzen. Es kann sich, wenn es möchte, seine Erinnerungen als Erinnerungen ins Gedächtnis zurückrufen und nicht als körperliche Wunden, die nie verheilen oder bei dem geringsten Anlaß aufbrechen.

Mathias, das Kind, das eine Katze sein wollte

Als ich ein Kind war, sprach ich wie ein Kind.

Paulus, Korinther I

Nicht alle Kinder des Säuglingsheims mußten einen derart radikalen Bruch erleben wie die, deren Lebensgeschichte ich in den vorangegangenen Kapiteln skizziert habe. Es gibt auch häufig Fälle, bei denen die schwierige Beziehung zwischen Eltern und Kind (einmal abgesehen von offensichtlichen Mißhandlungen) eine Trennung notwendig macht. Und das führt uns zu der heiklen Frage, ob die Unterbringung eines Kindes in einem Heim an sich schon einen therapeutischen Effekt haben kann.

Man kennt die Fälle jener Kinder, die in ihrem familiären Milieu in ihrem Wachstum völlig stagnieren (psycho-sozialer Zwergwuchs), die sich aber, sobald sie sich in einem anderen Einflußbereich befinden, ganz normal entwickeln. Doch selbst in solchen Fällen widerstrebt es den Kinderärzten, in Betracht zu ziehen, daß eine Trennung von den Eltern einen »therapeutischen« Nutzen haben könnte[1], betrachtet man die Familie doch immer noch als den idealen Lebensort für das Kind.

Selbst die Konvention der Vereinten Nationen über die Rechte des Kindes läßt in dieser Hinsicht keine Zweifel aufkommen: Die Familie wird als »der natürliche Ort und die Basis für die Entwicklung und das Wohlbefinden all ihrer Mitglieder, insbesondere der Kinder« angesehen. Der Artikel 7 präzisiert, daß das Kind von Geburt an das Recht hat, »im Rahmen des Möglichen, seine Eltern zu kennen und von ihnen aufgezogen zu werden«. Angesichts der Häufigkeit von Mißhandlungen innerhalb der Familie, also der Gefahr, der das Kind im Schoße seiner eigenen Familie ausgesetzt sein kann, scheint es jedoch angebracht, unsere Auffassung von der Familie als idealem Ort für die Erziehung der Kinder ein wenig zu modifizieren.

Um die Kinder zu schützen, können in unserer Gesellschaft all jene von der Schweigepflicht entbunden werden, die ihr aus beruflichen Gründen unterliegen, und jeder, der Kenntnis von Mißhandlungen hat und diese nicht anzeigt, macht sich unterlassener Hilfeleistung schuldig. Im Falle schädigender Einflüsse ist die Trennung aus dem Familienverband zwar nur eine von verschiedenen Möglichkeiten, aber manchmal eine durchaus notwendige. Es ist daher sicherlich nicht richtig, die Trennung an sich unter allen Umständen als pathogen zu betrachten. Dennoch gibt es immer noch Jugendrichter, Psychoanalytiker und Kinderpsychiater, die grundsätzlich der Meinung sind, daß die Familie das beste für das Kind sei.

Auch vertreten viele Personen, die im engeren oder weiteren Sinne mit dem Heimaufenthalt von Kindern befaßt sind, oft die gleiche Einstellung. Das hat schwerwiegende Folgen für die Organisation dieser Einrichtungen: Das Heim wird gesetzlich nur als *vorübergehender* Aufenthaltsort angesehen. Der Aufenthalt dort soll so kurz wie möglich sein, zugunsten einer baldigen Rückkehr in die Ursprungsfamilie oder einer Unterbringung in einer Pflegefamilie, die von ihrer Struktur her einer »echten Familie« am ähnlichsten ist und zudem, was man ruhig einmal sagen sollte, die billigere Lösung darstellt.

In der Praxis jedoch sind die Heimaufenthalte keineswegs so kurz, wie die Verwaltung es sich wünschte, da, zum Beispiel in der Pariser Region, gute Pflegefamilien nur schwer zu finden sind.

In eigenartigem Widerspruch dazu steht, daß man in anderen Einrichtungen, in denen das Kind, vor allem aber auch der Säugling, einen unbestreitbaren Nutzen daraus ziehen würde, nicht von der Mutter getrennt zu werden, das heißt in den meisten Kinderkrankenhäusern und gewissen Entbindungsheimen, nur allzu leicht »vergißt«, daß die Trennung traumatisch sein könnte: In Kliniken sind Kinderstationen, in denen die Eltern über Nacht bleiben können, noch viel zu selten, und in zahlreichen Entbindungsheimen oder -stationen werden die Neugeborenen nicht nur nachts, sondern auch tagsüber, außerhalb der Mahlzeiten, von ihrer Mutter getrennt... was man letztlich auch als unterlassene Hilfeleistung gefährdeten Personen gegenüber werten könnte, wenn man die in manchen Fällen dramatischen Folgen dieser ungerechtfertigten Trennungen bedenkt.

Im Säuglingsheim von Antony wurden von und mit dem Personal intensive Diskussionen geführt, um zu erreichen, daß dieser formal nur als Übergang dienende Ort von den Säuglingsschwestern dennoch als ein für das Kind *nutzbringender* Lebensbereich angesehen werden kann. Die Gesellschaft hat dem Kind gegenüber Pflichten, die sich nicht allein darauf beschränken, ihm eine Unterkunft zu bieten und seine materiellen Bedürfnisse zu befriedigen; das Kind seinerseits hat die Pflicht, sich vor dem zu schützen, was vorzeitig seinen physischen oder psychischen Tod verursachen könnte[2]. Wenn die Personen, die die Kinder täglich betreuen, von der Gesellschaft als Teil eines für das Kind schädlichen Ganzen betrachtet werden und auch sich selbst so sehen, muß das notwendigerweise Auswirkungen auf ihr Verhalten haben. Wird jedoch im Gegenteil ihre wenn auch nur vorübergehende Betreuung der Kinder als nutzbringend oder gar therapeutisch eingeschätzt, ist die ganze Atmosphäre an diesen Orten eine andere: Das Kind wird als Subjekt angesehen, als eigenständige Person, um die man sich im Hier und Jetzt bemüht, wie auch immer die Umstände und die Dauer der Unterbringung sein mögen. Die körperliche Trennung von der Familie muß nicht notwendigerweise als Schock oder Drama erlebt werden, wenn sie, wo immer möglich, vorbereitet und im Zusammenhang mit den Gegebenheiten erklärt wird, und wenn zudem die Bindung zwischen Eltern und Kind aufrechterhalten bleibt. Sie kann vielmehr die Möglichkeit bieten, über eine oftmals zutiefst verstrickte Situation zu reden, sie zu verstehen und zu verändern, eine Situation, die das Kind gefährdet, da es noch nicht alt genug ist, sich selbst zu schützen.

Erste Sitzung

Mathias war niemals Mißhandlungen ausgesetzt, die die Aufmerksamkeit der zuständigen Stellen erregt hätten. Auch die äußerst prekäre soziale Situation seiner Eltern hätte für sich allein noch keine Heimeinweisung gerechtfertigt. Seine Geschichte, die mir von einer Mitarbeiterin des Säuglingsheims in seinem Beisein erzählt wurde, ist viel subtiler. Eine Trennung wurde dennoch als notwendig erachtet.

Mathias wurde mit einem Jahr, nach einem zweimonatigen Krankenhausaufenthalt wegen einer Bronchitis, ins Säuglingsheim eingewiesen. Bis dahin lebte er bei seinen Eltern unter äußerst schwierigen materiellen Bedingungen. Probleme der Hygiene wurden bereits bei beratenden Gesprächen im PMI-Zentrum (*centre de protection maternelle et infantile*, eine Einrichtung zum Schutz für Mutter und Kind) bemerkt, Mathias' Krankheit rührte jedoch nicht daher. Laut den Aussagen seiner Mutter hatten die Atemprobleme bereits einige Monate zuvor begonnen, als die API (*aide aux parents isolés*, eine Hilfsorganisation für isoliert lebende Eltern) ihnen eine neue, anständige Unterkunft vermittelt hatte, in der sie zum jetzigen Zeitpunkt allerdings nicht mehr wohnen.

Mathias ist das dritte Kind der Familie. Er kam, ebenso wie seine beiden älteren Brüder, mit Kaiserschnitt zur Welt, jeder aber unter ganz anderen Bedingungen: Der älteste war von den »drei Eltern« (dem Vater, der Mutter und der Großmutter mütterlicherseits) erwünscht. Beim zweiten hatte die Mutter allein entschieden, ihn auf die Welt zu bringen. Bei Mathias, dem letzten, wollten der Vater und die Großmutter, daß die Mutter das Kind abtreibt. Doch sie betrachtete es als ein Geschenk an sich selbst, das Kind behalten zu dürfen, was sie aber während ihrer Schwangerschaft nicht davon abgehalten hat, viel an den Tod zu denken. Der Vater hatte, ohne mit seiner Frau darüber zu sprechen, die Ärzte um eine Tubenligatur (Sterilisation) gebeten, was bei der Geburt, die unter Vollnarkose stattfand, auch gemacht wurde.

Der älteste Sohn lebt in einem speziellen Internat. Die Eltern sagen über ihn: »Er ist ein Tier« (was, wie mir erst später klar wird, als Kompliment aufzufassen ist). Der mittlere, der sechs Jahre alt ist und gravierende Sprach- und Schulprobleme hat, lebt bei seinen Eltern.

Die Mutter hat einen Bruder; der Vater mehrere Brüder und Schwestern. Die Großmutter mütterlicherseits nimmt einen wichtigen Platz in der Familie ein. Sie ist die einzige, die arbeitet und dem Vater manchmal Arbeit verschafft, zudem hat sie die Familie vorübergehend in ihrem eigenen kleinen

Haus beherbergt. Die Familie mußte dieses Haus, das in Bälde abgerissen werden soll, verlassen, weil es für die Gesundheit der Kinder schädlich war, vor allem aber wegen der Klagen der Nachbarn über die vielen Tiere, die sie hielten. Nach ihrem Umzug in eine andere Wohnung begann Mathias krank zu werden. Die Tiere wurden alle anderweitig untergebracht ... fanden sich aber schon bald wieder bei der Familie ein. Der Vater ist seit vielen Monaten arbeitslos, die Mutter ist nicht berufstätig.

Der zweite Sohn wird von der Mutter mit großer Strenge behandelt, Mathias gegenüber scheint sie eher distanziert. Die Eltern kommen häufig ins Säuglingsheim zu Besuch. Während seines Krankenhausaufenthalts war mit Einverständnis der Eltern – ohne gerichtliche Verfügung – vom Sozialamt eine vorübergehende Unterbringung von mindestens drei Monaten angeordnet worden, damit Mathias seine Lungenprobleme vollständig ausheilen könne.

Bei der ersten Behandlungsstunde mit mir ist Mathias siebzehn Monate alt und bereits seit fünf Monaten im Säuglingsheim. Trotz intensiver ärztlicher Bemühungen leidet er weiterhin unter starken Atembeschwerden, die für seine Zukunft bedrohlich erscheinen. Angesichts der Schwierigkeit der Ärzte, seine Krankheit in den Griff zu bekommen, hat das Personal nach Rücksprache mit den Eltern die Entscheidung getroffen, ihn mir zu überweisen.

Mathias hat ein sehr ansprechendes Äußeres und weist keinerlei sichtbare Mißbildung auf, die in irgendeinem Zusammenhang mit seinen wiederholten Lungeninfektionen stehen könnte (ich denke besonders an eine Mukoviszidose, was aber natürlich durch Untersuchungen abgeklärt wurde). Seine körperliche Entwicklung ist altersgemäß, im ganzen wirkt er eher rundlich. Im Behandlungszimmer geht er sofort auf den einzigen Mann zu, der an jenem Tag der Konsultation beiwohnt, und setzt sich dann, ohne ein Wort zu sagen. Er wirkt eher etwas traurig, aber durchaus präsent. Den Erwachsenen, die über ihn reden, hört er aufmerksam zu, bewegt sich wenig und spielt nicht. Die Wachheit seines Blickes steht in seltsamem Gegensatz zu seiner motorischen Passivität. Beim Einatmen und Ausatmen sind sehr deutlich laute Geräusche hörbar, die mir einerseits seltsam, andererseits aber wohlbekannt vorkommen. Als ich ihm, während die anderen der Gruppe mit ihm reden, nur zuhöre, ohne ihn anzuschauen, habe ich plötzlich den Eindruck, als ob Mathias *schnurren* würde.

Nachdem die Sitzung schon länger als eine Stunde gedauert hat, wende ich mich endlich direkt an Mathias, um ihm zu sagen, daß seine Mutter den Anschein erwecke, als würde sie kleine Tiere kleinen menschlichen Wesen vorziehen. Das Geräusch, das er beim Atmen mache, würde mich an das Schnurren von Katzen erinnern, die seine Mutter anscheinend sehr lieben würde; vielleicht denke er, daß seine Mutter ihn, wenn er eine Katze wäre, mehr lieben würde? Doch da er nun einmal als Mensch geboren sei, könne er keine Katze werden, selbst wenn er wie eine Katze schnurre.

Zweite Sitzung

Aufgrund verschiedener Zwischenfälle konnte die zweite Behandlungsstunde erst fünf Monate später stattfinden, die weiteren Gespräche folgten dann in einem Abstand von zwei Wochen. Vier Psychoanalytiker sind an jenem Tag bei dem Gespräch anwesend. Mathias (zweiundzwanzig Monate) wird von seiner Säuglingsschwester und der Stationsleiterin gebracht. Er mag nicht hereinkommen und läuft allein die

Treppe zum Wartezimmer hinunter, während ich mit seinen Begleiterinnen spreche. Die Tür lasse ich dabei offen.

Die Säuglingsschwester berichtet, daß er viel sabbere und immer noch Lungeninfektionen habe. Zudem zeige er gewisse Verhaltensauffälligkeiten: Er werfe sich oft mit voller Kraft auf den Boden, stoße sich häufig den Kopf und wisse auch nie, ob er seine Flasche wolle oder nicht. Ansonsten würde er sich gut entwickeln.

Seine Eltern kommen ihn zwar täglich besuchen, doch sind die Säuglingsschwestern der Ansicht, daß ihre Beziehung zu Mathias sehr schwierig ist: Seine Mutter drückt ihn an sich, und er stößt sie weg; sein Vater spielt zwar mit ihm, wird aber sehr schnell ärgerlich und schlägt ihn dann. Fünf Katzen, zwei Hunde und eine Schildkröte haben sich, nebenbei bemerkt, wieder in der elterlichen Wohnung eingefunden, und es scheint so, als ob die Familie aus diesem Grund bald wieder die Wohnung verlassen müsse, da sich die Nachbarn über die vielen Tiere beklagen.

In der Zwischenzeit hat sich Mathias am Fuß der Treppe hingelegt. Ich gehe zu ihm hinunter und schlage ihm vor hinaufzukommen. Er weigert sich. Ich schicke deshalb die Säuglingsschwester, ihn zu holen. Sie kommt mit ihm auf dem Arm zurück, er protestiert nicht. Wollte er vielleicht hereingetragen werden? Als die Säuglingsschwester ihn absetzt, legt er sich auf den Rücken, den Kopf zwischen den Beinen der Säuglingsschwester. Mit einer Hand berührt er den Schuh des Psychoanalytikers, auf den er in der ersten Sitzung (fünf Monate zuvor) sofort zugegangen war, und beginnt leise zu weinen und zu *schnurren*. Ich sage zu ihm: »Du bist Mathias C., du bist keines der Tierbabys, die deine Mutter so sehr liebt, du bist ein MENSCHENbaby.« Bei diesem Wort, das ich sehr betone, antwortet er zum allgemeinen Erstaunen klar und deutlich mit einem JA und fängt dann wieder an zu weinen. Ich spreche weiter zu ihm: »Ich verstehe, daß du sehr leiden mußt, wenn du versuchst, ein kleines Tier zu werden, damit man dich liebt.« Er weint weiter; kurz darauf frage ich ihn, ob er wolle, daß seine Säuglingsschwester ihn tröste. Diesmal antwortet er, wieder zum allgemeinen Erstaunen, ohne Ärger mit einem klaren NEIN und fängt erneut ganz leise zu weinen an, ohne sich dabei zu bewegen. Ich spreche seinen Schmerz an, aber auch seine Kraft und die Möglichkeit, die er nun hat, sich helfen zu lassen, und die er ablehne. Wahrscheinlich habe er versucht, eine Katze zu werden, um seine Mutter zu trösten, die über die Vertreibung der Tiere sehr traurig gewesen sei. Es sei ihm nicht gelungen, sie zu trösten, und sein eigenes Leid habe niemand verstanden. Am Ende der Stunde nimmt die Säuglingsschwester ihn auf den Arm, um ihn hinauszutragen, er läßt es mit sich geschehen, hört augenblicklich auf zu weinen und lächelt alle an: Er ist vollständig wiederhergestellt.

Diese Sitzung hat alle Teilnehmenden betroffen gemacht und mich sehr erschöpft! Die Betroffenheit rührt meines Erachtens von verschiedenen, sich überlagernden Dingen her: Dieses siebzehn Monate alte Kind regrediert in der Stunde auf frühere Ausdrucksmodi, die einem Alter von ungefähr fünf, sechs Monaten entsprechen, was anzeigt, daß es in seiner Lebensgeschichte in dieser Zeit einen Bruch gegeben hat, der nicht in Worte gefaßt wurde. Das ist etwas ganz anderes, als wenn ein Kind »Baby spielt«, wie es die Säuglingsschwestern täglich erleben, denn es bleibt absolut auf die Behandlungsstunde beschränkt und zeigt sich auch nicht mehr, wenn es gedeutet wurde. Mathias (als Säugling) versucht durch sein Schnurren einem Tierbaby gleichzuwerden; sein Kindsein und sein Leid drückt er jedoch durch Worte aus, durch ein »ja« oder ein »nein« als Bestätigung meiner Worte, die, entgegen des von ihm gespürten Wunsches seiner Mutter, seine menschliche Existenz ansprechen. Die Müdigkeit, die ich verspüre, ist mit jener vergleichbar, die sich nach einer großen körperlichen Anstrengung einstellt, so als ob das Zuhören, um das Kind verstehen können, Ressourcen mobilisiert hätte, die nur selten genutzt werden. Es ist auch in der Tat das erste Mal, daß ich angesichts der Atembeschwerden eines Kindes an eine Identifikation mit einem Tier denke ...

Dritte Sitzung

Mathias kommt in Begleitung einer Säuglingsschwester. Sie hilft ihm dabei, sich neben mich zu setzen. Ich bemerke und sage es ihm auch, daß sein Mund offensteht und seine Zunge heraushängt. Er zieht sie sofort zurück. Die Säuglingsschwester berichtet mir, daß er noch immer seine Wutanfälle bekomme und sich dann auf den Boden werfe. Seine Mutter möchte ihn über die Weihnachtsfeiertage zu seiner Großmutter mütterlicherseits mitnehmen. Nahrung habe eine enorme Bedeutung für ihn. Er esse viel und egal was, manchmal hole er sich sogar Reste aus dem Mülleimer. Er hat eine große Beule auf der Stirn, auf die ich ihn aber nicht anspreche, um ihn nicht zu sehr mit der Wirklichkeit zu konfrontieren. Zugleich frage ich mich, ob meine Bemerkung am Anfang über seine heraushängende Zunge nicht auch zu realitätsbezogen war, aber schließlich handelte es sich dabei ja um die Realität der Behandlungsstunde.

Er nimmt sich die ganze Knetmasse, so daß er beide Hände voll davon hat, macht aber nichts daraus. Dann nimmt er sich zwei Knetstücke und klebt sie wieder zusammen. Dabei ist er sehr konzentriert, seine Zunge hat er wieder, gerollt wie bei

einem Säugling, der aufmerksam zuhört, aus dem Mund ge-
streckt. Auf die Dose weisend, die die Knetmasse enthielt, sagt
er: »Nichts mehr drin«. Darauf fügt er zwei weitere Knetstücke zusammen. Dabei stößt er einen Laut wie EP oder AL
aus. Zum Schluß sammelt er alle verstreuten Knetstücke zusammen und legt sie in eine Art Korb, was in mir die Assozia-
tion: »Wir sitzen alle im gleichen Boot« auslöst.

Vierte Sitzung

Mathias hat dieses Mal, wie schon bei der zweiten Sitzung,
Probleme, ins Behandlungszimmer zu gehen (vielleicht aus
Angst vor Übertragungsgefühlen), und seine Bronchien sind
immer noch verschleimt. Die Säuglingsschwester findet, daß
es ihm besser geht. Wie geplant, ist er über Weihnachten bei
seiner Familie gewesen. Er ist sehr verwöhnt worden (unter
anderem hat er eine Babypuppe geschenkt bekommen) und
hat geweint, als sein Vater ihn ins Säuglingsheim zurück-
brachte. Er spricht etwas mehr und schläft am Abend ein,
ohne wieder aufzustehen.

Während der Sitzung ist er sehr ruhig, seine Zunge streckt
er zwar heraus, doch ist sie nur in bestimmten Augenblicken
gerollt. Mit der Knetmasse macht er differenziertere Dinge
und sagt schließlich: »Nichts mehr«. Er schnurrt nicht mehr.
»Du machst nicht mehr das Geräusch, das die Katzen mit
ihrer Kehle machen, du formst nun mit deinen Händen Knetmasse, um mir etwas zu erzählen, und das ist etwas, was Tiere
nicht tun können.« Er ist während der ganzen Stunde konzentriert, geschickt und aktiv, ohne ein Anzeichen von Angst. Er
weiß, wie man einen Radiergummi verwendet, und probiert
ihn auch zusammen mit einem Bleistift aus. Er ordnet jedes

Ding an seinen Platz. Ich sage zu ihm, daß jedes Ding seinen Platz habe und daß auch alle menschlichen Wesen ihren Platz in ihrer Geschichte, ihrer Familie und in der Gesellschaft hätten. Dabei unterbricht mich die Säuglingsschwester, um mir mitzuteilen, daß bei ihm zu Hause die Kinder mit den Katzen zusammen baden würden ... was meine Vermutung bestätigt, daß in seiner Familie die Vorstellung bezüglich des Platzes, der jedem einzelnen in der Welt der Lebenden und in der Ordnung der Menschheit zukommt, sehr verschwommen ist ...

Fünfte Sitzung

Die Säuglingsschwester trägt Mathias wie immer auf ihren Armen herein und setzt ihn dann auf einem Stuhl ab, obwohl er sehr gut allein laufen kann. Seine Atmung ist sehr geräuschvoll. Ich sage zu ihm: »Bei einem menschlichen Wesen ist es nicht nötig, daß man sein Atmen hört, um zu wissen, daß er da ist.« Er nickt zustimmend, greift sich einen Bleistift und steckt ihn in eine Knetkugel.

Die Säuglingsschwester berichtet mir über die Atemtherapie: Mathias geht ganz allein dorthin, er liebt es, läßt alles bereitwillig mit sich geschehen, selbst das Absaugen der Sekrete scheint ihm großes Vergnügen zu machen. Seine duldende Haltung und vor allem die Befriedigung, die er aus den eher unangenehmen Eingriffen in seinen Atmungsapparat zieht, machen der Atemtherapeutin Probleme, und sie ist sich nicht sicher, ob sie mit der Behandlung fortfahren soll. Die Atemtherapeutin hat sehr genau gespürt, daß die Behandlung bei dem Kind zu einer passiven Erotisierung führt, aus der es eine masochistische Befriedigung zu ziehen scheint, und empfindet deswegen ein großes Unbehagen. Dies macht deutlich,

daß jeder Teil des Körpers bei einem Kind erotisiert werden
kann.

Während des Berichts hat Mathias ein kluges Spiel entwik-
kelt. An einer Art Metallrad hat er eine Kette befestigt und sie
so darum gewickelt, daß daraus eine Art Jo-Jo entstanden ist.
Das Spiel scheint mir eine gelungene Darstellung für die
Schleimabsonderungen zu sein, die die Luftröhre hochstei-
gen! Mit diesem Spiel meistert Mathias aktiv eine Situation,
die er in der Realität passiv erleidet.

Sechste Sitzung

Mathias läßt sich immer noch hereintragen. Wenn er den
Sonntag bei seinen Eltern verbracht hat, ist es am Montagmorgen immer sehr schwierig mit ihm. Er bekommt dann Wutanfälle, wälzt sich auf dem Boden und hört überhaupt nicht zu.
Er ist stark verschleimt, die Säuglingsschwester sagt, daß er es
»mit Absicht« mache.

Er steht neben der Tür und öffnet sie ein bißchen. Drei Finger der einen Hand hält er im Mund, mit der anderen steckt er
ein Taschentuch in die Hosentasche. Nach und nach zieht er
sich immer mehr aus dem Zimmer zurück, bis er schließlich
ganz verschwunden ist. Ich weise ihn darauf hin, daß die Sitzung, wenn er den Raum verlasse, beendet sei. Er klopft an die
Tür. Ich fordere ihn mehrmals auf hereinzukommen. Er zögert und geht dann schließlich weg. Die Säuglingsschwester
richtet mir aus, daß die Eltern mich nun doch zu sehen
wünschten.

Siebte Sitzung

In einigen Tagen wird Mathias zwei Jahre alt. Seine Eltern treffen zum erstenmal mit ihm in der Praxis zusammen. Ich habe mir während des Gesprächs Notizen gemacht, so daß es mir möglich ist, unsere Unterhaltung über Mathias beinahe vollständig wiederzugeben.

Nachdem ich sie begrüßt habe, frage ich sie, wie sie finden, daß es Mathias ginge.

Mutter: »Er entwickelt sich gut.«

Vater: »Besser als seine Brüder.«

Mutter: »Wir könnten ihn wieder nehmen, wenn wir ein anderes Häuschen haben.« (Sie wollen ihr jetziges Häuschen verkaufen, um ein größeres zu kaufen.)

Vater: »Ich komme vom Land. Zur Zeit bin ich arbeitslos.«

Mutter: »Meine Mutter hat von einem Haus zwischen E. und D. gehört, das zu verkaufen ist.«

(Ich frage, wie die Schwangerschaft bei Mathias gewesen sei.)

Mutter: »Im vierten Monat hatten wir Angst, ihn auch zu verlieren, ich habe drei Kaiserschnitte gehabt.«

Vater: »Den dritten (Mathias) wollte ich nicht.«

Mutter: »Es war meine Entscheidung, ihn zu behalten. Ich wollte ein drittes. Ich selbst hatte nur einen Bruder und hätte gern noch einen Bruder oder eine Schwester gehabt. Ich habe denen (ihrem Mann und ihrer Mutter) gesagt, daß es nicht sie sind, die ihn machen, sondern ich!«

Vater (schaut Mathias an): »Mein Vater war ein bißchen so, den Mund offen und die Zunge raus. Er wird dankbarer sein als seine Brüder. (Ich frage nach, was er damit meint.) Er wird mehr als seine Brüder können ... Meine Eltern sind verstorben. Ich bin das sechste von neun Kindern.«

Mutter: »Mein Vater ist an Krebs gestorben, als ich zehn oder elf war. Jetzt bin ich zweiundvierzig Jahre alt. Meine Mutter hat sich in ihrem Häuschen ein neues Leben eingerichtet. Ich kann mich nicht mit unserer Wohnung zurechtfinden. Ich liebe Häuser. Wenn ich von einem Besuch bei meiner Mutter zurückkomme (alle vierzehn Tage), fühle ich mich wie »verschluckt«. Mein Mann hat sich sehr viel um Mathias gekümmert. Das habe ich mit Absicht getan. Das ist mein Geburtstagsgeschenk. Ich wollte einen Sohn, die Mami wollte eine Tochter.«

(Mathias ist acht Tage lang gestillt worden, dann hatte die Mutter keine Milch mehr. Sie erzählt nochmals, daß sie mit Kaiserschnitt entbunden habe und fügt teilnahmslos hinzu, daß ihr auf die Bitte ihres Ehemannes hin die Eileiter bei der Entbindung durchtrennt worden seien. Im ganzen war sie zwei Monate im Krankenhaus gewesen (vor und nach der Entbindung).

Ich frage sie daraufhin, wer zur Zeit alles in ihrer Wohnung lebe.

Mutter (sie lehnt sich auf ihrem Stuhl zurück und wird immer lebendiger): »Zwei Hunde, ein tauber, achtzehnjähriger Jagdhund namens Kiki und eine Hündin, die meinem ältesten Sohn gehört und Dudusse oder Duchesse heißt; fünf Katzen (eine aufgenommene, die Junge bekommen hat): Minet, Louloute, Souris, Johnny, weil er in eine Gitarre gefallen ist, und Câline. Außerdem die Schildkröte Diana, sie ißt alles. Sie ist zu alt und kann sich nicht mehr eingraben (ich erfahre später, daß Schildkröten sich im Winter eingraben). Mathias liebt die Katzen, er kennt all ihre Namen (in diesem Augenblick belebt sich Mathias und sagt LOULOU und ADA). Die vier Sittiche sind gestorben. Der Hund wußte, daß die Sittiche krank sind. Alle diese Tiere, das ist für mich das Schönste. Ich bin die *Katzen-Mutter.*

Zuvor lebten wir in einem überheizten Zimmer mit 30° C. Seitdem *schnurrt* er, das roch nach Medizin. Die drei Jungen sind genauso nervös wie ihr Vater. Ich bin sanft. Mathias ist *verändert*, sobald er kommt, auf dem Topf vor dem Fernsehen, zehn Minuten, dreißig Minuten ...«

Mathias nimmt die Hand seiner Mutter und zieht sie zur Tür. Wir beenden unser Gespräch, nachdem die Eltern sich damit einverstanden erklärt haben, daß Mathias weiterhin zu mir kommt, »wenn das gut für ihn ist«.

Hätte dieses Gespräch, das sehr viele wichtige Informationen enthält, früher stattfinden sollen? Vielleicht wären die Eltern gekommen, wenn ich sie nachdrücklicher dazu aufgefordert hätte, zum Beispiel durch einen Brief, und mich nicht damit begnügt hätte, ihnen durch die Stationsschwester ausrichten zu lassen, daß sie kommen könnten, wenn sie es wünschten. Andererseits galt es aber sicher auch zu respektieren, daß sie mich, wenn sie auch mit einer Behandlung ihres Sohnes bei mir einverstanden waren, um kein Gespräch gebeten hatten. Aus diesem Grund habe ich es vorgezogen zu warten, bis sie selbst den Wunsch dazu äußerten, was sie nun ja auch, wenn auch erst nach einigen Monaten, getan haben. Wenn das Gespräch auch manches nur bestätigte, was mir berichtet worden war oder was ich selbst herausgefunden hatte, so war es in einigem doch erstaunlich.

Als es um ihre Kinder, ihre Eltern und sie selbst ging, äußerten sich die Eltern nur sehr karg und teilnahmslos. Sie sitzen steif auf ihren Stühlen, bewegen sich so gut wie gar nicht, ihr Wortschatz ist auf ein Minimum reduziert, ihr Bericht ist ein monotones Aneinanderreihen von Fakten. Um die Schwierigkeiten seines ältesten Sohnes zu erklären, sagt der Vater nur kurz, daß er ihm »zuviel Verantwortung« aufgebürdet habe.

Den zweiten stellt er als einen »Schwachsinnigen« dar, »dem man helfen muß«. Mathias bezeichnet er als den intelligentesten, der eine gewisse Ähnlichkeit mit seinem eigenen Vater hat. Damit ordnet er ihn seiner Familie zu, obwohl er andererseits offen zugibt, daß er ihn sich nicht gewünscht habe.

Sobald ich jedoch die Frage stelle, wer noch bei ihnen wohne, kommt Leben in beide. Dabei vergessen sie ganz, daß einer ihrer Söhne noch bei ihnen wohnt, und erzählen nur von jenen, die tatsächlich bei ihnen leben: von den Tieren. Der Gegensatz ist sehr eindrucksvoll: Sie setzen sich in ihren Stühlen auf, ihre Sätze werden länger, sie erzählen Anekdoten, sprechen den Tieren Gefühle zu und sind selbst emotional beteiligt, wenn sie von diesen sprechen. Ihre Empfindungen ihren Kindern gegenüber sind weit weniger ausgeprägt und differenziert als die Gefühle, die sie den Tieren entgegenbringen. Genau in dem Moment, als die Namen der Tiere genannt werden, verändert sich Mathias' Verhalten: Er fängt an zu sprechen. Und auch er wird viel lebendiger. Die Tiere haben nicht nur einen Namen, der sich zum Beispiel auf ein Geschehnis bezieht (wie Johnny, der in die Gitarre gefallen ist), sondern auch eine Persönlichkeit, Gefühle und geistige Fähigkeiten. Mathias' Mutter, die sich selbst als eine »Katzen-Mutter« bezeichnet, verhält sich den Tieren gegenüber menschlich, gelingt es ihr doch, sie so zu nehmen, wie sie sind. Bei ihren Kindern jedoch nimmt sie die Rolle einer Tier-Mutter ein: Sie sieht sie als Objekte an, über die sie ihre besitzergreifende Macht ausübt, solange sie von ihr vollständig abhängig sind, und die sie verstößt, wenn sie selbständig werden. Ihr Sohn Mathias, den sie sich allein gewünscht hatte, nicht ohne jedoch während der Schwangerschaft von Todesgedanken heimgesucht zu werden (wobei ich nicht weiß, ob sich diese auf ihren oder den Tod des Kindes bezogen), ist ein Geburtstags-»Geschenk« an sich selbst: »Da du mir kein Geschenk gemacht hast« (so beklagt sie sich in meinem Beisein bei ihrem Mann), feiert sie selbst ihre Geburt mit einer Geburt. Schon der Gedanke eines Geschenkes ist widersinnig, denn indem sie sich selbst ein Geschenk macht, hebt sie die Idee eines Austausches zwischen verschiedenen Personen auf. Mit einem Kind-Geschenk sichert sie sich zunächst den vollen Genuß: Es ist ein Objekt, das ihr allein gehört. Der Vater wird vollständig verleugnet, selbst in seiner Erzeugerfunktion. Aber als das Kind da ist, interessiert sie sich nicht mehr sehr dafür und überläßt es »mit Absicht« seinem Vater.

Doch das Gespräch birgt noch eine weitere Überraschung für mich. Ich stelle fest, daß die Mutter vollkommen richtig, und lange vor mir, erkannt hat, worunter ihr Sohn leidet: Er schnurrt für seine Katzen-Mutter!

Bei dieser Stunde habe ich die Eltern nicht darauf angesprochen, wie sie zu Mathias' Unterbringung im Heim gefühlsmäßig stehen. Das Säuglingsheim wird von ihnen wahrscheinlich als ein Ort betrachtet, der ihren Sohn verändert: Sobald er nach Hause kommt, domestiziert ihn die Mutter (wie man ein Tier zähmt, das man aus seinem ursprünglichen Lebensbereich entfernt, um mit ihm machen zu können, was man will), indem sie ihn verändert. Das heißt konkret, daß sie von seinem Verdauungstrakt ein Kaka fordert, ohne ihn gefragt zu haben, ob er dazu Lust habe, und daß sie zudem verhindert, daß er selbst merkt, was er tut, da er durch das Fernsehen abgelenkt wird.

Achte Sitzung

Mathias wird wieder von seiner Säuglingsschwester hereingetragen, aber dieses Mal, weil er tief schläft. Er hat keinen Mittagsschlaf gemacht und ist im Auto eingeschlafen. Die Säuglingsschwester berichtet mir, daß er immer noch seine Wutanfälle bekomme; daß er eifersüchtig auf Babys oder andere Kinder sei und Schwierigkeiten habe, sich im Kindergarten einzufügen. Er wolle, daß sie mit ihm dableibe. Er werfe sich hin und schlage mit dem Kopf auf den Boden. Die Eltern seien an diesem Morgen um zehn Uhr vorbeigekommen. Sie wollten zum Gericht gehen, da sie Mathias wieder zu sich nehmen möchten und hierfür das Einverständnis des Jugendrichters brauchen. Ich wiederhole für Mathias, was man mir bezüglich des Wunsches seiner Eltern und der Entscheidung des Richters gesagt hat. Dann spreche ich mit der Säuglingsschwester über die Tiere. In diesem Augenblick schreckt Mathias aus dem Schlaf auf, schläft aber gleich wieder ein.

Man könnte sich fragen, was es für einen Sinn macht, ein schlafendes Kind zu empfangen und zu ihm zu sprechen. Kann man etwa davon ausgehen, daß es einen während des Schlafens verstehen kann? Aufgrund gewisser Untersuchungen, die bei Erwachsenen gemacht wurden, wissen wir, daß sich Worte, die während des Schlafes gesprochen werden, im Gedächtnis festsetzen und bei Gelegenheit wieder im Bewußtsein auftauchen können. Das stimmt auch mit der Erfahrung überein, die Erwachsene gemacht haben, wenn sie aus dem Koma erwachten. Françoise Dolto vertrat die Ansicht, daß ein schlafendes Kind wie ein Fötus sei: Es schläft und vermag doch zu hören, es lebt mit seiner Mutter.

Neunte Sitzung

Mathias kommt an der Hand seiner Säuglingsschwester die Treppe herauf. Die Säuglingsschwester hat mir nichts Besonderes mitzuteilen, außer daß es im Kindergarten besser ginge. Mathias ist nicht damit einverstanden, daß sie das Zimmer verläßt, und beginnt mit der Knetmasse zu spielen. Er ist sehr verschleimt, seine Atmung ist immer noch »schnurrend«. Ich sage zu ihm: »Mit deinen Händen agierst du wie ein Junge, doch in deiner Kehle bist du immer noch eine Katze.« Seine eingerollte Zunge steht aus seinem Mund, während er zuhört. Unmittelbar nachdem ich den Satz beendet habe, atmet er ohne jedes Geräusch. Dann spielt er mit einem kleinen Auto, wobei er LOULOU (das ist der Name einer Katze) sagt. Das Bild, das er daraufhin malt, kommentiert er nicht. Ich nenne ihm die Farben der Filzstifte, deren er sich bedient: Er wiederholt »blau« mit lauter Stimme; »orange« spricht er »darange« aus, da er das O nicht artikulieren kann. Auf den Aschenbecher weisend sagt er: »Das ist Kaka«, und ich merke an dem Geruch, der aus seiner Hose kommt, daß er in die Windeln gemacht hat. Vielleicht verbindet er zum erstenmal Tun und Sagen?

Zehnte Sitzung

Er kommt, nachdem er in einem kleinen Lastwagen im Wartezimmer ein Stück Kuchen gefunden hat, entschiedenen Schritts allein herauf. Beim Eintreten zeigt er mit dem Finger auf eine Psychoanalytikerin und sagt »balabala« (sie war in der vorangehenden Stunde nicht da). Seine gewölbte Zunge schaut aus dem Mund, aber man hört ihn beinahe nicht at-

men. Er setzt sich hin, steckt einen Gummi in eine Babyflasche, bröselt etwas Kuchen hinein und verschließt die Flasche.
Ich sage zu ihm:»In eine Babyflasche tut man Dinge, die man
essen kann. Du hältst deine Zunge in genau der gleichen Position wie damals, als du aus der Flasche getrunken oder zugehört hast.« Er nimmt zwei weitere Gummis und steckt sie in
die Flasche. »Als deine Mama dir die Flasche gab, wußte sie
nicht, daß du nach Worten verlangtest.« Er zieht seine Zunge
ein und schließt den Mund. »Übrigens fällt mir auf, daß du
den Kuchen nicht ißt, vielleicht, weil du weißt, daß es um den
Kuchen herum Worte geben könnte. Zu den menschlichen
Babys spricht man, und so lernen sie auch zu sprechen.« Der
Kuchen fällt herunter, und er sagt sehr deutlich: »Der Kuchen
ist heruntergefallen.« Ich bemerke daraufhin: »Ja, das sind
menschliche Worte, die man sehr gut verstehen kann und die
du gelernt hast, indem du anderen menschlichen Wesen zugehört hast.«

Daraufhin möchte er die Knetmasse mit dem Messer zerschneiden. Ich sage zu ihm: »Das Ding, das du benutzt, hat
einen Namen, es ist ein Messer. Alle Dinge haben einen Namen. Mit Worten kann man Dinge benennen und Handlungen beschreiben; aber Worte dienen auch dazu, Gefühle auszudrücken und mitzuteilen.« Er schaut mich an, streckt seine
Zunge wieder aus dem Mund und zerkrümelt seinen Kuchen,
ißt ihn aber nicht. Ich sage zu ihm: »Du möchtest Worte haben, nicht Kuchen.« Daraufhin nimmt er das Messer, zer-
schneidet damit den Kuchen, wobei er mich anschaut und
lacht und seine Zunge wieder in den Mund zieht. Er macht
sich ganz allein zum Gehen fertig und nimmt die Kuchen-
stücke mit, die er mit dem Messer geschnitten hat.

Dieses Kind, von dessen Gier man mir mehrfach berichtet
hatte und die sogar soweit ging, daß er Abfalleimer durch-

wühlte, rührt einen sehr leckeren Kuchen nicht an, den es im Wartezimmer gefunden hat. In meinen Interventionen kommentiere ich, was Mathias tut, wobei ich den symbolischen und sprachlichen Gehalt, den seine Handlungen für mich auszudrücken scheinen, hervorhebe. Er hat sich buchstäblich von Worten ernährt, sein Wunsch nach Kommunikation war eindeutig größer als sein Bedürfnis zu essen. Man könnte aus dieser Stunde den Schluß ziehen, daß Mathias nicht so viel hätte essen müssen, wenn man mehr mit ihm geredet hätte, wenn man nicht seinen Wunsch nach Kommunikation mit dem Bedürfnis nach Nahrung verwechselt hätte. Es ist tatsächlich häufig so, daß Babys, die nach immer mehr Nahrung verlangen, genausogut, wenn nicht gar besser, dadurch beruhigt werden können, daß man zu ihnen spricht, statt ihnen noch ein Fläschchen zu geben.

Elfte Sitzung

Mathias hat einen gewissen Widerstand, in meinen Praxisraum zu kommen. Er nimmt sich ein kleines Auto aus dem Wartezimmer und bleibt unten an der Treppe stehen. Die Säuglingsschwester kommt zu mir herauf. Ich gehe hinunter, um ihn abzuholen, und an meiner Hand kommt er nun gerne mit. Als die Säuglingsschwester hinausgehen will, protestiert er dagegen, was zeigt, daß er nicht »destrukturiert« ist. Er läßt sein Auto unter Brummen hin und her fahren. Dann zögert er, ob er sich hinsetzen oder hinausgehen soll. Er steht vor der Tür und dreht sich um. Er hustet, aber er schnurrt nicht mehr. Er schaut hinter den Schrank und entdeckt dann ein Schild an der Tür, das wie ein Spiegel reflektiert und in dem er sich betrachtet und mich dabei gleichzeitig sehen kann. Nach und

nach begibt er sich immer weiter hinter die Tür, wo er außen
das gleiche Schild entdeckt. Er läßt das Auto über das äußere
Türschild rollen, bleibt für mich aber noch von meinem Platz
aus sichtbar. Ich sage ihm, daß ich die Sitzung beenden werde,
wenn er ganz aus dem Raum gehen würde, außerdem spreche
ich an, daß er sich nun halb draußen und halb drinnen befinde, wie er auch zur Hälfte im Säuglingheim und zur Hälfte
zu Hause sei. Ein Rad von dem Auto löst sich, worauf er: »Es
ist kaputt« sagt und nach einer Lösung sucht, es zu reparieren.
Er bittet die Säuglingsschwester, ihm zu helfen. Es gelingt ihr
aber auch nicht, das Rad wieder zu befestigen. Da ich es merk-
würdig finde, daß Mathias ganz in Rosa gekleidet ist, frage ich
die Säuglingsschwester, ob er Kleidung aus dem Säuglingsheim trage, was sie jedoch verneint; es seien seine persönlichen Sachen. Mathias entfernt sich nun immer weiter aus
dem Zimmer; als ich ihn nicht mehr sehe, sage ich ihm, daß
die Stunde nun beendet ist, da kein Teil von ihm mehr im Zimmer sei.

Zwölfte Sitzung

Die Säuglingsschwester berichtet mir beunruhigt von Mathias' Verhalten in punkto Sauberkeit: Da er keine Windel
mehr anhaben wollte, habe man sie ihm abgenommen; seitdem aber mache er überall hin, wo er gerade sei.

Bisher blieb Mathias, um seine Mutter zu befriedigen, zu
Hause so lange auf dem Topf sitzen, wie es nötig war, im Säuglingsheim jedoch trug er Windeln. Bevor er seine Schließmuskeln wirklich beherrschen kann (er ist noch keine dreißig
Monate, hat also noch nicht das Alter, das als Beginn der »natürlichen« Sauberkeit angesehen wird), will er keine Windeln

mehr. Vielleicht bedeuten diese für ihn einen Zwang: Seine Mutter kümmert sich um seine natürlichen Bedürfnisse nur, indem sie Zwang auf ihn ausübt. Ob mit oder ohne Windel, es ist auf keinen Fall erstaunlich, daß er in seinem Alter überall hinmacht. Ich habe den Eindruck, daß sich Mathias dem Einfluß seiner Mutter auf seinen Körper zu entziehen versucht ... allerdings im Säuglingsheim.

Die Säuglingsschwester berichtet mir noch, daß Mathias den Ostersonntag bei seiner Familie verbracht habe; als sie ihn zurückbrachten, habe die Mutter gesagt: »Die Glocken sind vorbei, wir haben die Eier ins Nest gelegt ...« Die Kinder hätten sich gestritten; um sie zu trennen, habe der Vater sie mit Wasser begossen, wie er es auch zu tun pflege, wenn die Hunde miteinander kämpften.

Mathias bleibt, auf allen vieren, auf der Treppe stehen, zieht sich die Schuhe aus, faßt sein Glied an, will nicht in meine Praxis kommen. Ich sage zu ihm: »Du hast keine Pfoten, sondern Füße, und du trägst Schuhe, um sie zu schützen; deine Beine sind so gemacht, daß du aufrecht gehen kannst. Du hast einen Penis wie alle Jungen, mit dem kannst du Pipi machen, wenn du es möchtest, aber er ist nicht nur dafür da.« Ich bitte die Säuglingsschwester, ihm zu zeigen, wie Jungen aufrecht über der Toilette Pipi machen. Vielleicht will er ja auch keine Windeln mehr tragen, um seinen Penis spüren und frei berühren zu können.

Dreizehnte Sitzung

Eigentlich hatte ich die Eltern erwartet, da sie sich angekündigt hatten, aber sie sind nicht gekommen. Mathias hat noch immer die gleichen Probleme mit der Sauberkeit. Er will keine Windel anziehen, macht aber überall hin. Er bleibt unbeweglich mitten im Zimmer stehen, einen Finger im Mund. Ich spreche mit ihm über das Pipi und das Kaka der Tiere und der Menschen, über die Gemeinsamkeiten und die Unterschiede. Er schmiert mit seinem Finger, der voll Spucke ist, auf der Schranktür herum. Ich sage zu ihm, daß die Tiere in freier Wildbahn ihren Bereich mit ihrem Pipi und ihrem Kaka markieren und keineswegs überall hinmachen. Auch die Menschen machen nicht überall hin, aber aus anderen Gründen. Und ich erkläre ihm, wo die Exkremente hinkommen, wenn sie in der Toilette von der Wasserspülung weggespült werden. Er hantiert am Griff der Schranktüre herum und stellt sich dann »in die Ecke«. Ich glaube zu verstehen, daß es eine Erziehungsmaßnahme der Eltern ist, ihn in die Ecke zu stellen, wenn er »Dummheiten« mit seinem Kaka oder Pipi gemacht hat. In diesem Augenblick leckt er an der Tür und sagt »Kaka«. Ich erläutere ihm, daß die Tiere zwar Kaka *machen*, niemals aber »Kaka« *sagen* würden. Er wirft sich auf den Bauch, streckt den Kopf unter den Schrank und haut mit ihm auf den Boden. Darauf sage ich zu ihm: »Du wirst niemals ein Tier werden können; Menschen verhalten sich nicht wie Katzen. Deine Eltern sind menschliche Wesen, die kleine, menschliche Jungen auf die Welt gebracht haben. Man weiß, daß die Menschenkinder, noch bevor sie selbst sprechen können, die Sprache verstehen und dann sprechen lernen. Ich habe den Eindruck, daß man dich bei dir zu Hause viel zu tun, aber wenig zu sprechen heißt, vielleicht ist das der Grund, warum du überall hinmachst.«

Vierzehnte Sitzung

Er kommt »nein, nein, nein« schreiend mit seiner Säuglings-schwester und verbringt die ganze Stunde auf dem Boden lie-gend. Die Säuglingsschwester erzählt mir, daß die Eltern in der letzten Stunde durchaus hätten kommen wollen, daß sie sich aber im Weg vertan hätten, was ich Mathias vermittle, der sich daraufhin zwar etwas beruhigt, aber immer noch weiter »nein« sagt. Im Säuglingsheim seien die Wutanfälle seltener geworden, außerdem gehe er nun auf die Toilette, wenn man es ihm sage. Zu Hause jedoch habe der Vater gefunden, daß er nicht »sauber« genug sei (Mathias verstummt) und habe sich den ganzen Sonntag wegen Sauberkeitsproblemen mit ihm gestritten. Am Montagmorgen habe es auch im Säuglings-heim einen großen Konflikt gegeben (Mathias fängt an zu heulen), er habe erst zu essen anfangen wollen, als der Eßsaal schon leer gewesen sei. »Vielleicht wirst du, wenn du bei dei-nen Eltern bist, wieder zu dem Baby, das du warst, als du bei ihnen gelebt hast. Aber das mußt du nicht werden. Ich glaube, daß deine Eltern durchaus wollen, daß du groß wirst und die Woche über im Säuglingsheim lebst. Dein Vater ärgert sich, wenn du dich wieder zum Baby machst, und das muß sehr leidvoll für dich sein. Deine Eltern halten dich nun für groß.« (Zuerst schweigt er, dann schnurrt er, schließlich fängt er wie-der an zu schreien.) Und ich füge hinzu: »Ich glaube, daß du, als du so klein in deiner Wiege lagst, jemanden gebraucht hast, der zu dir sprach (er saugt an seinem Daumen und wen-det den Kopf ab); normalerweise erzieht man die Haustiere, damit sie sauber werden, aber deine Eltern haben ihre Tiere nicht dressiert, deswegen machen sie ein bißchen überall hin. Sie glauben, daß du erzogen werden mußt, weil du auch über-all hinmachst, aber sie wissen nicht, daß du es deswegen machst, weil du es so willst; du mußt dich nicht von deinem Vater dressieren lassen, denn du weißt, was du mit deinem Pipi und deinem Kaka zu machen hast.« Er stellt einen Stuhl über sich und atmet geräuschlos. Am Ende der Stunde geht er aufrecht und in guter Stimmung.

Ich habe tatsächlich den Eindruck, daß er zu Hause dressiert wird, wie Tiere dressiert werden sollten, vor allem aber, daß er diese Dressur, die besonders den Vater beschäftigt, auf provokante Art herausfordert. Nachdem er ihn provoziert hat, läßt er sich von seinem Vater schlagen, bestrafen und beherrschen und findet daran wohl ein gewisses Vergnügen, denn er versucht die gleiche Szene im Säuglingsheim zu reproduzieren, wo die Gegebenheiten doch ganz andere sind. Meine Erklärungen sind etwas wirr; ich möchte ihm nicht die Tiere als Vorbilder geben, wenn ich ihm sage, daß kein Tier einfach irgendwo hinmacht. Es sind wirklich nur die kleinen Menschenkinder, deren Eltern zu sehr an ihrem Pipi-Kaka interessiert sind, die Probleme damit haben! Es ist natürlich keine Rede davon, die Eltern in Frage zu stellen: Für ein Kind unter drei Jahren sind die Eltern Vorbilder, und wenn man sie in Frage stellt, entwertet man auch das Kind als Kind dieser Eltern. Indem ich ohne Wertung und gefühlsmäßige Beteiligung kommentiere, was zwischen seinen Eltern, den Tieren und ihm abläuft, versuche ich Mathias die Mittel in die Hand zu geben, sich in seiner Familie, so wie sie nun einmal ist, zurechtzufinden.

Fünfzehnte Sitzung

Mathias kommt in Begleitung seiner Eltern, denen es diesmal gelungen ist, das Behandlungszentrum wiederzufinden.

Der Vater ist der Ansicht, daß er Fortschritte mache, er

könne bereits die Farben unterscheiden. Er versuche zudem, den Tisch abzuräumen und sich allein anzuziehen. Er werde sicher ein lustiger Kerl werden, stark und kämpferisch.

Die Mutter erzählt von einem handfesten Streit zwischen ihm und seinem Bruder im Auto, bei dem sie die beiden habe trennen müssen. »Wir werden ihn taufen lassen. Da wir kein Geld haben, wird meine Mutter es bezahlen. Bei den anderen haben wir es auch erst so spät gemacht. (Zu ihrem Mann gewandt:) Bei unserem ältesten hast du die Seife vergessen, und der zweite hat sich ausgezogen, um ein Bad zu nehmen. (Die Taufe wird von ihnen wirklich nur als ein Spiel angesehen, das von der Großmutter bezahlt wird und keinerlei religiöse oder symbolische Bedeutung hat.) Zu Hause nimmt Mathias die Tiere, zieht sie an und bindet ihnen Windeln um. Die Tiere lassen es mit sich geschehen. Dem alten Whisky gibt er Fußtritte. Die große Hündin ist ein bißchen dressiert worden, die anderen nicht.« (Der Identifikationsmodus scheint sich zu verändern: Mathias behandelt die Tiere nun wie Babys, verhält sich selbst aber wie ein Kind; übrigens bestätigt die Mutter, daß nur die Kinder dressiert werden, allerdings wie Tiere, während die Haustiere der Familie überhaupt nicht dressiert sind.)

Vater: »Er hat schreckliche Wutanfälle. Ich halte ihn dann mit aller Kraft fest und rede auf ihn ein, aber es braucht meist kaltes Wasser, um ihn zu beruhigen.«

Mutter: »Er (der Vater) hat mehr Geduld als ich, außer wenn er zornig wird. Mathias holt seinen Topf in der Toilette, stellt ihn vor den Fernseher und macht Pipi und Kaka, wenn es Tiersendungen gibt (!). (Mathias scheint also immer noch, sobald er zu Hause ist, seine Mutter auf die gleiche Weise wie zuvor zu befriedigen: sein Unterleib erfährt nur eine Besetzung über den Wunsch der Erwachsenen, was sicherlich nicht ohne

Konsequenzen für seine Geschlechtsidentität ist, nachdem seine Identität bereits in eine falsche Richtung gelenkt wurde. Die Mutter scheint nicht bemerkt zu haben, was Mathias darüber denkt: Tiere anschauen findet er buchstäblich zum Scheißen ...) Wenn schönes Wetter ist, gehen wir in den Zoo von Vincennes. Der Sonntag ist für die Familie reserviert, sie wollen nicht mehr zur Großmutter gehen.«

Ich bitte den Vater, mir von seiner eigenen Familie zu erzählen.

Sein Vater sei Arbeiter, Alkoholiker und sehr gewalttätig gewesen. Er habe ein Karabinergewehr (ein 22er Rifle) besessen. Einmal habe er gedroht, all seine Kinder zu töten (sechs Jungen und drei Mädchen, der Vater ist das sechste Kind). Er selbst sei im Alter von acht Jahren für zwei Jahre wegen seiner Nerven in einem Heim untergebracht gewesen.

Mit sechzehn Jahren habe er beschlossen, in der elterlichen Wohnung zu bleiben, um seine Mutter zu beschützen: »Ich mußte meinen Vater festhalten, wenn er getrunken hat«, berichtet er, »ich habe meine Mutter weinen sehen. (Mathias, der auf den Knien seiner Mutter sitzt, kuschelt sich an sie.) Die Familie ist nach dem Tod meiner Eltern auseinandergebrochen. Das muß bei meinem Vater sechzehn Jahre, bei meiner Mutter fünfzehn Jahre her sein. Wegen dem Erbe hat es keine Probleme gegeben: Die Gewehre habe ich verkauft, die 22er Rifle habe ich meinem Schwager gegeben, der in Indochina war.« (In seiner Jugend hat es der Vater von Mathias als seine Aufgabe angesehen, seinen eigenen Vater zu bändigen, um seine Mutter zu schützen. In gewisser Weise hat er sein Leben dieser Aufgabe geopfert. Auch seine Söhne bändigt er körperlich, als ob es keine andere Kommunikationsmöglichkeit zwischen Vater und Sohn gebe.)

Mathias beginnt zu sprechen, aber dieses Mal nennt er Personen: Cal = Pascal, Bien = Fabien, Liline = Vorname der Mutter.

Und die Mutter knüpft daran an: »Lili, Evelyne, ich bin immer das Baby meiner Mutter geblieben. Ich sage ihr, daß mich das nervt, und deswegen streiten wir uns auch oft. Alle Kinder heißen zuerst ›titi‹, aber wenn sie größer werden, gibt man ihnen ihren richtigen Vornamen. Meine Mutter hat mich in Watte gepackt und wollte, daß ich es mit meinen Kindern genauso mache, aber da bin ich nicht einverstanden. Meinen ersten hat sie versorgt, als er ganz klein war, und sie hat ihn auch verhätschelt. Man erzieht heute Kinder nicht wie früher. Sie jedoch sagt zu mir: ›Du erziehst deine Kinder, wie man Hunde erzieht.‹ Wenn ich sie wie Hunde erziehen würde, wäre ich nicht hier und würde mit Ihnen reden. Der älteste sagt, sie sei zurückgeblieben. Finden Sie mich normal?«

Die Erziehung, die diese Mutter ihren Kindern gibt, hat als einziges Ziel, genau das Gegenteil derjenigen zu sein, die sie selbst erhalten hat. Schon die Geburt von Mathias ist in diesem Kontext zu sehen, hat sie ihn doch gegen den Willen ihrer eigenen Mutter auf die Welt gebracht. Da sie »in Watte gepackt« wurde, ist sie davon überzeugt, daß das der Grund ihrer Schwierigkeiten ist und möchte dies daher bei ihren eigenen Kindern vermeiden. Sie erzieht ihre Söhne wie eine Meute von Hunden, wobei sie sie nicht einmal mit unterschiedlichen Vornamen benennt, aber ihre Tierliebe ist das beste, was sie ihnen geben kann. Ihre eigene Mutter beweist einige Hellsichtigkeit, indem sie ihr vorwirft, sie würde ihre Kinder wie Hunde erziehen, und sie selbst läßt einigen Humor erkennen, als sie zu mir sagt: »Wenn ich sie wie Hunde erziehen würde, wäre ich nicht hier und würde mit ihnen reden.« Aber gibt es nicht viele Menschen, die lieber und mit größerer Anteilnahme mit ihren Haustieren als mit ihren Kindern oder ande-

ren Erwachsenen reden? Es ist schwer zu klären, wer in dieser
Familie eigentlich verrückt ist. Der älteste Sohn sagt von seiner Großmutter, sie sei zurückgeblieben, er selbst aber wird
von seinen Eltern auch als geistig zurückgeblieben angesehen, und die Mutter hegt offensichtlich ebenfalls Zweifel bezüglich ihrer ›Normalität‹.

Sechzehnte Sitzung

Ich habe mich endlich dazu entschieden, die symbolische Bezahlung einzuführen, und bitte Mathias, mir bei jeder Sitzung
einen Kieselstein mitzubringen, wenn er weiterhin zu mir
kommen wolle, um über sich zu reden. Ich hätte es sicherlich
schon viel früher machen können (und sollen), zum Beispiel
nach der ersten Begegnung mit seinen Eltern, die sich aus-
drücklich damit einverstanden erklärten, daß Mathias die
Behandlung, die er auf Veranlassung des Säuglingsheims begonnen hatte, fortführt. Da ich es zu jenem Zeitpunkt nicht
gemacht habe, habe ich das abgewartet, was Françoise Dolto
»die zweite Geburt«[3] nennt. Sie versteht darunter den Übergang von dem Zustand animalischer Abhängigkeit in die
menschliche Freiheit des Ja und des Nein. Mathias, gefangen
in seiner tierhaften Identifikation, hätte es fast nicht geschafft,
den Übergang zu finden. Diese Befürchtung hat mich daran
gehindert, gleich zu Beginn die symbolische Bezahlung einzuführen (sicher aber auch die Befürchtung, er könnte die Behandlung ablehnen). Doch da habe ich mich wahrscheinlich
geirrt: Ich habe in die Indikation zur Behandlung mehr Vertrauen gelegt als in Mathias' Fähigkeit, die Behandlung für
sich selbst zu wollen, was ja durch die Bezahlung symbolisiert
wird. Rückblickend muß ich eingestehen, daß eine Analyse

im eigentlichen Sinn erst nach Einführung der symbolischen Bezahlung begonnen hat, während man vorher eigentlich nur von einem Gespräch reden kann.

Siebzehnte Sitzung

Die Säuglingsschwester berichtet mir, daß er manchmal Kaka in die Hose mache. Aber sie findet auch, daß er enorm viele Dinge gelernt habe und einfach umwerfend sei! Die Atemtherapie wird nun von einem Mann durchgeführt, Mathias läßt alles geduldig über sich ergehen.

In der Stunde ist Mathias sehr lebhaft, er ist ständig auf den Beinen und spricht viel. Es ist eine »technische« Sitzung, insofern, als es darum geht, wie man ein Messer oder eine Schere benutzt. Ich gebe ihm die Anweisungen nur mit Worten und nicht, indem ich selbst mit den Dingen hantiere, denn wenn der Analytiker etwas *tut*, anstelle es zu *sagen*, ersetzt er in der Wirklichkeit den Vater oder die Mutter, und das ist keine analytische Position.

Ich habe große Mühe, ihm klarzumachen, daß er den von ihm mitgebrachten Stein auch daläßt. Die Atmosphäre in der Sitzung ist vollkommen anders als in den vorangegangenen: Zum erstenmal habe ich den Eindruck, daß es bei Mathias zwischen dem Beginn und dem Ende der Stunde keine Einbrüche gibt.

Achtzehnte Sitzung

Die Säuglingsschwester erzählt mir, daß es seit zwei Tagen mit
Mathias überhaupt nicht mehr gut gehe. Er bekomme häufig
Nasenbluten, der Atemtherapeut habe ihm »den Kopf etwas
zurechtgerückt«. Während die Säuglingsschwester erzählt, redet Mathias unaufhörlich, als ob er ihre Stimme überdecken
wolle. Doch sie fährt fort, ohne sich unterbrechen zu lassen,
um mir zu sagen, daß es momentan auch im Kindergarten
sehr schwierig sei. Er habe starke Trotzanfälle und mache Pipi
und Kaka in die Hose. Als sie ihn mittags abgeholt habe und
mit einem anderen Kind schon einmal hinausgehen wollte,
habe er ihr eine fürchterliche Eifersuchtsszene gemacht und
wieder zu bluten angefangen. Sie habe ihn auf den Arm genommen, und er habe sich nicht mehr bewegt, bis sie im Arzt-
zimmer waren. Er habe dann »zu Bobo« gesagt, nach seiner
Mutter gerufen, sich an sie geschmiegt und versucht, an ihrer
Brust zu saugen. Danach habe er allein mit ihr gegessen, sei
ziemlich schnell eingeschlafen, habe aber einen sehr unruhi-
gen Schlaf gehabt.

Er hat seine symbolische Bezahlung mitgebracht, die er
mir übergibt.

Die von der Säuglingsschwester berichtete Episode schien
mir ziemlich bedeutsam. Ich hatte die Vorstellung, daß sich
eine ähnliche Szene schon einmal sehr früh in Mathias' Leben
abgespielt haben mußte: Er hat im Alter von einigen Monaten
zu schnurren angefangen, als die Katzen aus seiner Familie
weggebracht wurden. Trotzdem hat er von seiner Mutter keine
zärtliche Zuwendung erhalten, worauf er begann, unter
großen Atembeschwerden zu leiden. Er muß eine starke Eifer-
sucht den Katzen gegenüber empfunden haben, was schließlich zu einer tiefen Verzweiflung führte. Zu jener Zeit ver-

mochte er weder sich selbst zu trösten, noch sich trösten zu lassen. Erinnern wir uns daran, daß sich diese Verzweiflung bereits in der zweiten Behandlungsstunde zeigte, wo er sich auch nicht trösten lassen wollte.

In der von der Säuglingsschwester geschilderten Szene zeigt sich einerseits die alte Verzweiflung, aber auch die Entwicklung, die Mathias genommen hat: Es geht darum, ein Eifersuchtsproblem einem Jungen gleichen Alters gegenüber zu bewältigen. Indem er sich verletzt, trotzt und für Augenblicke wieder zum Baby wird, erreicht er dieses Mal, daß er seine Säuglingsschwester ganz für sich alleine hat, von ihr Trost zugesprochen bekommt und auch getröstet ist, alles Dinge, die er niemals von seiner Mutter erhalten hat. Während die Säuglingsschwester mir diese Episode berichtet, ist er sehr zufrieden mit sich, sehr gesprächig, und als sie gehen, will er nicht, daß die Säuglingsschwester ihm hilft. Er geht mit kräftigen Schritten davon. Ich habe den Eindruck, als hätte er die Gelegenheit genutzt, eine schmerzvolle Erfahrung seiner frühen Kindheit wiederzuerleben. Allerdings hat er sie diesmal positiv bewältigt, das heißt, er hat aus ihr Kräfte für die Zukunft schöpfen können.

Seine Eltern haben nun das Recht, ihn einmal im Monat das ganze Wochenende zu behalten, während für uns die großen Ferien vor der Tür stehen.

Neunzehnte Sitzung (nach den großen Ferien)

Die Säuglingsschwester berichtet, daß es insgesamt nun wieder besser mit ihm gehe und daß die großen Ferien gut verlaufen seien. Wenn er ärgerlich sei, mache er jedoch immer noch Pipi und Kaka in die Hose. Der Vater habe gefunden, daß es in den Ferien schwieriger mit ihm gewesen sei als gewöhnlich. Er habe Mathias sogar gedroht, sein Gesicht mit Kaka einzuschmieren, wie er es bereits bei seinen beiden älteren Brüdern gemacht habe (!).

Mathias hat nicht an die symbolische Bezahlung gedacht (er ist zwei Monate lang nicht mehr gekommen ...), will aber seine Stunde haben. Als ich die Säuglingsschwester auffordere, doch bitte im Wartezimmer zu warten, und sie den Raum verläßt (wobei ich völlig vergessen habe, daß er noch nie allein dageblieben war, wohl weil er an jenem Tag den Eindruck auf mich machte, als sei er dazu fähig), beginnt er zu schreien, wirft sich im Flur auf den Boden, schnurrt und saugt an seinem Daumen. Ich sage ihm, daß ich geglaubt habe, daß er wüßte, daß er seine Säuglingsschwester wiedersehen würde, auch wenn sie sich von ihm entferne; als er ein Baby gewesen sei, konnte er jedoch noch nicht wissen, ob seine Mutter zurückkommen würde, wenn sie ihn verließ. Er beruhigt sich augenblicklich, gewinnt seine Selbständigkeit wieder, geht die Treppe hinunter, wahrscheinlich um zu sehen, ob seine Säuglingsschwester wirklich immer noch da ist, und kommt dann ganz allein wieder in meine Praxis hinauf, um seine Schuhe zu suchen, die er vorher ausgezogen hatte. Er zieht sie in aller Ruhe an, bevor er mir auf Wiedersehen sagt und geht. Ich sage ihm, daß ich seine Eltern bitten werde, zu mir zu kommen. Er gibt mir ein Zeichen des Einverständnisses.

In dieser Stunde war ich ziemlich erstaunt darüber, daß er die Abwesenheit seiner Säuglingsschwester nicht ertragen konnte, die ich ihm ganz selbstverständlich zugemutet hatte. Das löste in ihm Angst aus, und er regredierte auf eine Stufe, in der er noch nicht von seiner Mutter abgenabelt war, ebensowenig wie er es jetzt von seiner Ersatzmutter (der Säuglingsschwester) ist. Ich hatte einfach nicht bedacht, daß es sich um eine »Wiedersehensstunde« nach einer zweimonatigen Trennung von mir handelte, und ich habe wahrscheinlich seine Verletzlichkeit, was die Wiederholung von Trennungserlebnissen angeht, unterschätzt. Aber im ganzen ist er mit der Situation nicht schlecht zurechtgekommen.

Zwanzigste Sitzung

Mathias kommt, als er mich sieht, allein auf mich zu, geht entschieden an mir vorbei die Treppe hinauf, wobei er die Füße abwechselnd setzt, sich nicht am Geländer festhält und seiner Säuglingsschwester auch nicht den leisesten Abschiedsgruß zukommen läßt. Er ist nicht nur fähig, allein zu kommen, er kann sich auch allein dazu entschließen. Eigentlich sollten seine Eltern ebenfalls da sein; nach einer kurzen Nachforschung stellt sich heraus, daß der Vater sich zum vereinbarten Termin ins Säuglingsheim statt ins Therapiezentrum begeben hat!

Mathias zeichnet wortlos, schneidet seine Zeichnung aus und verbringt dann die ganze Sitzung damit, Knetmasse mit Hilfe eines Messers und einer Schere aus dem Inneren eines kleinen Krankenwagens, dessen Hintertüren man öffnen kann, zu pulen. Beim Hineinstecken des Messers oder der Schere empfindet er eine unverhohlene Freude. Ich kommentiere, was er macht, sage aber nichts darüber hinaus: Es scheint mir um sein Kaka zu gehen, das ihm die Mutter, sobald er zu Hause ist, abfordert. Da ich mir aber nicht vollkommen sicher bin, halte ich mich mit einer Deutung zurück. Als Mathias geht, sagt er: »Ich habe meinen Stein mitgebracht« und legt ihn direkt in die Schublade meines Schreibtischs.

Einundzwanzigste Sitzung

Der Vater ist ohne die Mutter gekommen. Er zeigt sich mit Mathias sehr zufrieden, es gäbe nicht allzuviel Zank und Streit. Mit dem ältesten verstehe er sich nun besser, meint er, der zweite sei »außen vor«. Während er mit mir spricht, holt er auf Bitte von Mathias Knetstücke aus einem Fläschchen (in der letzten Sitzung pulte Mathias die Knete aus dem Krankenwagen). »In meiner Familie«, berichtet er, »hatte der achte große Schwierigkeiten, um ihn mußte man sich besonders kümmern. In der Familie meiner Frau waren sie nur zwei Kinder, sie sieht den Unterschied nicht. Es gibt keine Probleme mehr mit der Sauberkeit. Wenn er muß, muß man sich beeilen.« Und er fügt hinzu: »Mein Leben ist hin, ich habe keinen Führerschein mehr (sein Führerschein wurde ihm wegen Geschwindigkeitsüberschreitung eingezogen). Wenn ich meinen Führerschein noch hätte, würde ich nach M. gehen (Name einer Region). Man hat in mein ›Playmobil‹ (anstelle von Wohnmobil) eingebrochen.« Der Vater, der mir eine ziemlich schlechte Meinung von sich selbst und wenig Vertrauen in seine Zukunft zu haben scheint, geht dann ins Wartezimmer, um auf Mathias zu warten.

»Hast du an deinen Stein gedacht?« Mathias antwortet nicht. Er tut etwas Knetmasse in eine Tasse, holt sie mit dem Messer wieder heraus, läßt etwas davon fallen, steigt von seinem Stuhl, um sie aufzuheben. Dabei fällt sein Blick auf einen Schnuller. »Er hat ein Loch«, meint er beunruhigt und versucht vergeblich, die Modelliermasse durch das Loch zu drükken. Er wird sehr gesprächig und aktiv und nennt alle Farben der Filzstifte …

Zweiundzwanzigste Sitzung

Er hat seinen Stein mitgebracht und legt ihn nachlässig auf den Tisch. Er schaut sich um, spricht, nennt die Farben und zeichnet. Die Säuglingsschwester ist mitgekommen, um mir mitzuteilen, daß er seine Hose herunterlasse, wenn er ärgerlich sei. Er wolle auch bei Tisch kein Kissen mehr untergeschoben bekommen, um höher zu sitzen, obwohl er relativ klein für sein Alter sei. Er geht mit dem Kissen genau so um wie mit den Windeln, die er auch schon nicht mehr haben wollte, bevor er dazu körperlich fähig war. Er handhabt Dinge wie Schere und Messer mit Geschick und Bedacht und heftet seinen Terminzettel an die Korkwand.

Dreiundzwanzigste Sitzung

Mathias hat seine symbolische Bezahlung mitgebracht, die er mir gleich zu Anfang der Stunde zeigt. Die Säuglingsschwester kommt kurz mit; ihr ist offensichtlich daran gelegen, mir folgendes Ereignis zu erzählen: Bei einem Mittagsschlaf habe Mathias Kaka ins Bett gemacht und in die Betten von anderen Jungen geschmiert, dann habe er es saubermachen wollen. Er sei vollkommen dreckig gewesen. Er wolle aber keine Windel beim Mittagsschlaf umhaben. Sie habe mit ihm geredet, darauf habe er auf den Boden gepieselt, gleich danach aber einen Putzlappen geholt und ganz allein sein Pipi aufgewischt.

In der Stunde ist Mathias sehr gesprächig und aktiv. Er spielt mit der Knetmasse und achtet genau darauf, daß sich die Farben nicht vermischen. Zuerst knetet er einen Wohnwagen und einen kleinen Hasen. Der Wohnwagen fährt und fährt und fährt auf eine Brücke. Ich bemerke, daß sein Vater einen

Wohnwagen habe (der ›Playmobil‹, in den eingebrochen wurde). Die blaue Knetmasse ist zunächst ein Huhn, dann ein Hahn. Darauf ist es ein Flugzeug, das rollt und rollt und rollt und schließlich auf den Boden fällt. Anhand von zwei Filzstiften derselben Farbe lernt er die Bedeutung des Wortes ›gleich‹.

Vierundzwanzigste Sitzung

Er hat seinen Stein vergessen. Er pieselt wieder zumindest einmal am Tag in die Hose. Es fällt ihm diesmal sichtlich schwer, zu mir in mein Behandlungszimmer zu kommen, sein Atem geht geräuschvoll. Er versichert mir jedoch, daß er seine Stunde haben wolle. Seinen Anorak behält er an. Zuerst legt er die ganze Knetmasse, alle Filzstifte und die Stühle auf den Boden, setzt sich in eine Ecke und beginnt die Knete mit aller Wucht gegen die Türe zu werfen. Bereits seit einigen Sitzungen vermag ich sein Verhalten nicht mehr so recht zu verstehen. Sein Umgang mit seinem Pipi und seinem Kaka beschäftigt seine Eltern und auch die Säuglingsschwestern enorm. Die sehr unterschiedlichen, wenn nicht gar gegensätzlichen Reaktionen, die sein Verhalten an den verschiedenen Orten auslöst, veranlassen mich dazu, ihm zu erklären, daß die Regeln je nach Ort und Personen ganz unterschiedlich sein können: Bei ihm zu Hause, im Säuglingsheim, hier, die Regeln sind nie dieselben, man muß sie kennen und dann kann man sich auf sie einstellen.

Fünfundzwanzigste Sitzung

Zu dieser Stunde kommt Mathias, ohne Schwierigkeiten zu machen, die Hände hat er voller Filzstifte, die er aus dem Warteraum mitgenommen hat. Seine symbolische Bezahlung hat er mit Absicht nicht mitgebracht, weswegen ich dann auch sehr schnell die Sitzung beende, nicht aber ohne seine Fähigkeit anerkannt zu haben, mir so klar mitzuteilen, daß er seine Stunde heute nicht wolle. Er geht gefaßt hinaus. Im Wartezimmer erklärt mir jedoch die Säuglingsschwester, daß er an seinen Stein gedacht, ihn aber verloren habe. Ich sage ihm daraufhin, daß sich heute der Teil von ihm, der keine Stunde wolle, durchgesetzt habe.

Sechsundzwanzigste Sitzung

Die Säuglingsschwester teilt mir mit, daß sich Mathias seit ungefähr drei Monaten, wenn er ärgerlich sei, ausziehe und spucke (während er vorher Pipi und Kaka dorthin machte, wo er gerade war), was im Säuglingsheim zu einem Problem zu werden drohe, da die anderen Kinder das toll fänden und nachmachen würden. Sein Vater ertrage es nicht, wenn er sich ausziehe (auch seine mangelnde Reinlichkeit konnte er nicht ertragen).

Mathias hat seinen Stein vergessen, will aber seine Stunde haben. Er spricht viel, kommentiert alles, was er tut, führt die Kategorien ›groß‹, ›klein‹ und ›gleich‹ ein, nennt alle Vögel, die er kennt (Rabe, Möwe) usw...

Siebenundzwanzigste Sitzung

Ich finde ihn auf dem Rücken liegend im Wartezimmer vor, seinen Stein neben sich, wie er gerade auf eine Zeichnung spuckt. In den Schnabel einer Spielzeugteekanne pfeifend, kommt er mit mir mit. Im Zimmer »schreibt« er, indem er seine dreckigen Finger in den Mund steckt und auf der Wand entlangfährt. Während der ganzen Stunde sagt er kein einziges Wort, sein Mund ist geöffnet, und seine Zunge schaut heraus wie in den ersten Stunden. Er stellt einen Stuhl vor die Tür und kriecht unter dem Stuhl durch auf mich zu. Einen seiner Schuhe hat er ausgezogen, zieht ihn aber nach kurzer Zeit auf dem Stuhl sitzend wieder an, dann balanciert er den Stuhl über seinem Kopf. Dabei tut er sich an der Hand weh, jammert aber nicht. Am Ende der Stunde möchte er nicht gehen (wenn der Stuhl vor der Tür stehen bleiben könnte, müßte man sich nicht trennen). Er steht auf, setzt sich wieder hin, zeichnet und spricht nun auch. Bei mir entsteht der Eindruck, als habe er im Verlauf der Sitzung sein Alter gewechselt. Zeigte er zu Beginn noch Verhaltensweisen aus der Zeit, wo der Bruch stattgefunden hat, fand er am Ende zu seinem wirklichen Alter zurück.

Achtundzwanzigste Sitzung

Diese Stunde zählt zu den ›Jungensitzungen‹, wie ich die späteren Stunden im Gegensatz zu den ›Tiersitzungen‹ vom Anfang nannte. Er ist lebhaft, aktiv, an allem interessiert, vor allem aber daran, wie gewisse Dinge funktionieren, benannt und gehandhabt werden. Am Ende frage ich ihn nach seinem Stein, und er sagt mir, daß er zwar kommen, aber keinen Stein mitbringen wolle! Damit wäre es wieder so wie früher, bevor ich die symbolische Bezahlung eingeführt habe. Ich erkläre ihm daher, daß das nun nicht mehr möglich sei, denn dann wäre es etwas anderes als eine psychoanalytische Behandlung. Am Anfang unserer Beziehung habe er keinen Stein mitgebracht, weil ich es nicht gewagt hätte, ihn darum zu bitten, da er mir noch zu klein erschienen sei, aber eigentlich hätte ich es doch tun sollen. Am Ende der Sitzung räumt er alle Sachen auf, die er benutzt hat, und geht.

Neunundzwanzigste Sitzung

Mathias ist nicht gekommen, weil es im Säuglingsheim ein Durcheinander mit den Terminen gab. Schade! Statt dessen kamen der Referent der ASE-Einheit[4] und die zuständige Sozialarbeiterin. Sie sind der Ansicht, daß es für Mathias ebenso wie für seinen ältesten Bruder gut wäre, in einer Pflegefamilie untergebracht zu werden, allerdings nicht in derselben Familie. Jedoch fürchten sie, daß das für die Eltern ein harter Schlag wäre.

Im Gegensatz zu denjenigen, die von Amts wegen (also zum Beispiel die ASE) die Interessen des Kindes vertreten, ist es für den Psychoanalytiker absolut notwendig, sich, wenn er Analytiker bleiben (und nicht als Psychologe oder Erzieher fungieren) will, jeder Einmischung in die reale Lebenssituation des Kindes zu enthalten, ganz egal, welche Entscheidungen auch immer getroffen werden, was manchmal ziemlich frustrierend sein kann!

Dreißigste Sitzung

Mathias ist mit anderen Kindern des Säuglingsheims in die
Berge gefahren, und alles ist sehr gut gegangen. Er hat seinen
Stein nicht mitgebracht. In der Stunde malt er die Fenster
eines Wohnmobils violett an. Im Inneren des Wagens spielen
sich geheime Dinge ab: Wahrscheinlich handelt es sich um
eine Anspielung auf den Wohnwagen der Familie, wohin der
Vater mit der Mutter geht. Er spricht viel und endigt immer
mit den Worten »zu Ende«. Ich sage ihm, daß ich damit einverstanden wäre, daß es »zu Ende« sei, und daß er nun absolut allein fähig sei, groß zu werden. Ich bin durchaus entschlossen,
die Behandlung in diesem Stadium abzubrechen, wenn er
seine symbolische Bezahlung nicht mitbringt, denn ohne
Stein ist es für ihn keine analytische Situation mehr. Er
möchte zwar gern, daß ich ihm zuhöre, jedoch in einer verführerischen Übertragung, die seine Beziehung zu mir erotisiert,
und das kann ich nicht zulassen. Mathias befindet sich in dem
Alter, wo die Bewältigung des Ödipuskonflikts ansteht, jedoch
mit seinen Eltern, nicht mit mir.

Ich schreibe den Eltern mit der Bitte um ein nochmaliges
Treffen und ein abschließendes Gespräch.

Einunddreißigste Sitzung

Mathias kommt in Begleitung seiner Mutter und seines Vaters
zu diesem letzten Gespräch. Er setzt sich auf den Schoß seiner
Mutter und nimmt während der ganzen Stunde nur auf sie Bezug. Er ist sehr lebhaft und präsent, wendet sich aber, ohne
mich wirklich zu ignorieren, nur an mich, um mir auf Wiedersehen zu sagen. Das zeigt, daß er seinen Platz zwischen seinen

Eltern, so wie sie sind, eingenommen hat, aber auch, daß er über die Mittel verfügt »mitzumachen«, ohne seiner körperlichen oder psychischen Integrität verlustig zu gehen.

Die Mutter findet, daß er sich sehr gut entwickelt habe; er versuche, seinem Bruder beizubringen, richtig sprechen zu lernen; außerdem rede er die ganze Zeit, nur am Telefon wolle er nichts sagen. In der Zeit, bis sie ein kleines Haus hätten, solle er in einer Pflegefamilie untergebracht werden (die Entscheidung der ASE-Einheit ist also eher gut aufgenommen worden). Er esse sehr gut und verhalte sich ordentlich bei Tisch, selbst im Restaurant. Als er in die Berge gefahren sei, habe er gesagt, das Chalet sei für seine Mutter und seinen Vater. Wenn er nach Hause komme, wären das erste immer die Katzen. Vor der Schildkröte habe er Angst, wenn sie den Kopf hervorstrecke. (Ich bemerke dazu, daß sie wenigstens ein Haus für sich allein habe!) Die Hündin habe eine Katze gefressen (!), aber man habe für ihn eine behalten. Er wisse nun genau, was er wolle: Er wolle Arzt für Katzen und Hunde werden!

Während die Mutter redet, spielt Mathias mit der Modelliermasse und gibt seiner Mutter »ein kleines Baby«. Und die Mutter ergänzt daraufhin ihren Bericht: »Schon als er noch in meinem Bauch war, wußte er bereits, was er wollte. Er bewegte sich sehr viel, was für mich sehr anstrengend war. Die Hebamme hat deshalb dem Vater gesagt: ›Man muß in einem scharfen Ton mit ihm sprechen.‹ Und wirklich, kaum hörte er die Stimme seines Vaters, da hörte er auch schon auf, sich zu bewegen.«

Mathias zeigt seiner Mutter zwei gleiche Spitzer und sagt zu ihr: »Sie sind gleich.«

Der Vater: »Sie sind alle drei sehr wild. Zusammen ist das einfach zuviel. Wir nehmen einmal Mathias und einmal seinen Bruder, das geht. Ich hätte gern, daß unser zweiter auch zu Ihnen kommt, damit er sich auch so gut entwickelt wie Mathias. Aber wir hätten es beinahe nicht gefunden, ich weiß nicht, wie wir wieder hierher kommen sollen, wir haben uns schon einmal verirrt ...«

Mathias zeigt seiner Mutter zwei blaue Filzstifte und meint: »Das ist das gleiche Blau, aber nicht ganz genau das gleiche ...« Ich habe den Eindruck, daß er ihr sein Wissen in bezug auf Kategorien zeigen möchte: Die Spitzer sind gleich, die zwei Filzstifte ähneln sich wie Brüder. Und ein kleiner Junge gehört nicht der gleichen Spezies an wie ein kleines Tier, und ein Sohn ist in bezug auf die Mutter nicht das gleiche wie ein Ehemann ...

Mathias ist vom Alter von einem Jahr und fünf Monaten bis drei Jahre und zwei Monate zu mir gekommen, also beinahe zwei Jahre lang.

Die Entscheidung, Mathias vorübergehend in einem Säuglingsheim unterzubringen und ihn von seiner familiären Umgebung zu trennen, war sicher keine ideale Lösung, doch haben die Sozialämter zu jener Zeit keine bessere gefunden. Da sich das Personal des Säuglingsheims Mathias ohne vorgefaßte Ideen zuwandte und die Atembeschwerden nicht als Krankheitssymptome, sondern als Ausdruck seines psychischen Leidens verstand, wurde er zu mir in Behandlung geschickt.

Mathias' Wunsch und Bestreben, seine Art zu ändern und ein Tier zu sein, ist ein durchaus menschliches Vorhaben. Denn allein der Mensch hat, unabhängig von seinem Alter, die Fähigkeit, die Familiengeschichte in sich aufzunehmen und sich mit solchem Leid zu beladen.

Um seine Mutter zu trösten und ihre Zärtlichkeit zu erhalten, versucht Mathias im Alter von einigen Monaten, eine Katze zu werden. Dabei muß er all die körperlichen Schmerzen, die ein solches Vorhaben mit sich bringt, und all das psychische Leiden, das das Scheitern einer so tiefgreifenden Veränderung auslöst, erfahren. Während man sich im Säuglingsheim bemüht, ihn zu verstehen, kann Mathias neue Identifikationsmöglichkeiten ausprobieren. Als er seinen Versuch aufgibt, eine Katze zu sein, behandelt er die Tiere wie Menschenbabys, was bedeutet, daß er sein ursprüngliches Vorhaben umkehrt: Nun ist es nicht mehr er, der wie sie werden will, sondern sie sollen wie er werden. Sein nächster Schritt ist, daß er »Arzt für Hunde und Katzen« werden möchte. Mit Ärzten hat er selbst schon viele Erfahrungen! Dieser Beruf würde ihm weiterhin die Möglichkeit bieten, mit Tieren, und damit auch mit seinen Eltern, in Kontakt zu bleiben, aber in einer allmächtigen Position. Vielleicht hat er davon geträumt, diese bei sich zu Hause, im Krankenhaus oder im Säuglingsheim auszuüben. Es läßt sich aus diesem Beispiel sehr schön ersehen, wie eine Berufung entstehen kann ...

Auch in seiner Haltung zu seiner Mutter gibt es eine tiefgreifende Veränderung: Da er eine Katzenmutter hat, rivalisiert er ständig mit ihren Katzenkindern. Dieses unmögliche Vorhaben hätte ihn zerstören können, doch vermag er im Alter von drei Jahren – wenn auch zum Preis einer partiellen Aufgabe eines Teils seines Körpers (jenes, der Pipi und Kaka macht) an die Wünsche der Erwachsenen –, zum Sohn einer Mutter zu werden, der er »ein kleines Baby« schenken kann. Zudem wird es ihm möglich, mit einem Vater zu rivalisieren, der selbst große Mühe hat, sich durchzusetzen und vor allem sich nicht zu verlieren, dem die Mutter jedoch bereits über den Fötus eine Autorität zuerkennt, was nicht gerade häufig anzutreffen ist.

Mathias hat, vielleicht dank der Begriffe »dasselbe« und »nicht ganz dasselbe«, gelernt, daß die Regeln je nach der Umgebung variieren, und wird sich von daher wahrscheinlich gut in eine Pflegefamilie einfügen können, vorausgesetzt, daß man weiterhin mit ihm spricht und die familiären Bindungen aufrechterhält.

Die Dauer seiner Unterbringung im Säuglingsheim (mehr als zwei Jahre) mag sehr lang erscheinen. Der lange Aufenthalt kann aber durchaus als therapeutisch gewertet werden, da der Kontakt zwischen Mathias und seiner Familie nie abgebrochen ist, keine übereilten Entscheidungen getroffen werden mußten, sich die materielle Situation der Eltern, die immer noch auf ›ein Häuschen‹ hoffen, nicht geändert hat, und in der Familie zwischenzeitlich eine gewisse Entspannung eingetreten ist. Zudem konnten nicht alle drei Jungen in der Familie bleiben, wollte man eine Gewalteskalation vermeiden.

Ich habe mit diesen Falldarstellungen die Schwierigkeiten der analytischen *Praxis* aufzeigen wollen, ohne dabei gewisse Ungeschicklichkeiten oder Verständnisprobleme zu verschweigen. Allerdings ist es im nachhinein stets viel leichter, über die Dynamik des Unbewußten oder die Haltung des Analytikers zu theoretisieren. Da es schon allein aus Platzgründen nicht möglich ist, eine Behandlung *in extenso* zu berichten, habe ich darauf geachtet, nicht nur das auszuwählen, was mich in einem günstigen Licht zeigen könnte... Ebensowenig wie der Psychoanalytiker ein Ersatz für die Eltern des Kindes in der Wirklichkeit sein soll, darf er den Eindruck vermitteln, ein Zauberer zu sein! Ich denke, es war wichtig zu vermitteln, daß sogar (oder vielleicht gerade) ein Psychoanalytiker in der Lage sein sollte, einem Kind (und auch den Lesern) zu zeigen, daß er nicht unfehlbar ist. Die Behandlungen von ganz kleinen Kindern sind oft spektakulär, da sie über die Beziehungsformen, die symbolischen und körperlichen Ausdrucksmöglichkeiten der Kinder sehr rasche Veränderungen herbeiführen. Doch sind sie nur eine Phase in ihrem Leben: Niemand kann vorhersagen, wie diese Kinder die vielfältigen Schwierigkeiten ihres späteren Lebens meistern werden.

Die Zeit des Wartens und der Unsicherheit

*Du hast einen Vater gehabt, möge dein
Sohn das gleiche sagen können.*
William Shakespeare, Sonett 13

*Wenn die Wahrheit zu stark ist, kotzt man
sie aus.*

Julien Green

In Frankreich unterstehen zur Zeit 115 000 Kinder der ASE.
Sie wurden ihr entweder von ihren Eltern (47 000) oder durch
richterliche Entscheidung (68 000)[1] überantwortet. Von diesen Kindern wurden 20 %, das sind ungefähr 23 000, de facto
von ihren Ursprungsfamilien verlassen, und es besteht zu diesen so gut wie keine Verbindung mehr. Nur bei 7700 sind die
juristischen Voraussetzungen für eine Adoption gegeben,
doch es werden bei weitem nicht alle adoptiert. Kinder, die
verlassen wurden, müssen eine schreckliche Zeit durchleben,
nicht, weil sie in einem Heim untergebracht werden, nicht,
weil sie verlassen wurden, was sie überwinden können, wenn
sie dabei Hilfe bekommen, und auch nicht, weil sie nicht
adoptiert werden, denn die Adoption ist nicht die einzige
Möglichkeit, sondern weil sie in einer grausamen und für ihre
Lebensenergie zerstörerischen Unsicherheit leben, was ihre
Situation und ihre Zukunft anbelangt. Die Auswirkungen dieser Wartezeit sind meist nur jenen bekannt, die täglich mit diesen Kindern zusammen sind. Noch immer ist man freudig er-

staunt über die »explosionsartige Entwicklung von Fähigkeiten«, die Kinder nach ihrer Aufnahme in einer Adoptions-
oder auch Pflegefamilie zeigen. Aber eigentlich sollte uns das
eher zu denken geben, haben sich diese aufgegebenen Kinder
doch zuvor selbst in einem Maße »aufgegeben«, daß sie sogar
ihr körperliches Wachstum einstellten, auch wenn sie trotz
ihrer Angst und ihrer Enttäuschung Beziehungen unterhalten
konnten (was nicht immer der Fall ist).

Ich selbst habe auch eine gewisse Zeit gebraucht, bevor mir
die zerstörerischen Auswirkungen dieser Zeit des Wartens
und der Unsicherheit bewußt wurden, und dies aus verschiedenen Gründen: Zunächst einmal bringe ich den zuständigen
Leuten, die mir die Kinder überweisen, große Wertschätzung
entgegen, und ich hatte a priori keinen Grund, Zweifel daran
zu hegen (auch wenn diese Haltung naiv erscheinen mag),
daß die ASE oder das Vormundschaftsgericht das Gesetz im
Sinne der Rechte und Interessen des Kindes ausüben. Da ich
keine juristische Ausbildung habe, mußte ich aus der Praxis
lernen, um den mir anvertrauten Kindern erklären zu können,
was in der Rechtsprechung die Begriffe *abandon* (»Verlassenheit«), Artikel 350, Geburt unter X, Familienrat, Volladoption
usw. bedeuten. Zudem hat mich ein weiterer, schwerwiegender Grund davon abgehalten, die rechtlichen Verfahren im
Detail zu verfolgen. Obwohl ich die psychotherapeutische Be-
handlungsmethode, bei der Deutungen in bezug auf die *aktu-
elle* Situation des Kindes gegeben werden, keineswegs ablehne – ich praktiziere sie manchmal selbst –, bin ich doch der
Überzeugung, daß die Kinderanalyse sich nicht mit der gegenwärtigen Situation des Kindes befassen sollte, sondern mit
dem, was dem jetzigen Leben des Kindes, wie jung es auch immer sein mag, vorausgegangen ist.[2] Die Informationen, die
mir die Säuglingsschwestern gaben, waren für mich daher be-

sonders unter dem Aspekt wichtig, was das eine oder andere Ereignis für die vergangene Lebensgeschichte des jeweiligen Kindes bedeuten oder in ihm wachrufen könnte. In gewisser Weise »erlitt« ich die Verzögerungen oder Unstimmigkeiten der rechtlichen Verfahren *mit* dem Kind und zwar in der Form, wie es diese selbst auszudrücken vermochte. Wenn man als Psychoanalytiker tätig ist, darf man sich nicht in die realen Beziehungen des Kindes zu seiner Umgebung einmischen, auch wenn von seiten der Familie oder der Erzieher Druck ausgeübt wird. In der Zusammenarbeit mit dem Säuglingsheim war dieser Druck minimal, da dort der Psychoanalytiker in seiner Funktion respektiert wird. Darüber hinaus bin ich der Ansicht, daß es die größte Pflicht des Analytikers gegenüber einem Kind ist, *dessen Position einzunehmen* ... Für mich ist es deshalb absolut tabu, direkt zu intervenieren, das heißt mit irgendeiner öffentlichen Stelle Kontakt aufzunehmen (einige Analytiker empfinden dies als frustrierend und halten sich deswegen nicht daran, obwohl es sich dabei um eine Beschneidung handelt, die man akzeptieren sollte).

Erst nachdem ich einige Analysen durchgeführt hatte, ist mir bewußt geworden, daß viele psychische und körperliche Probleme, die bei den Kindern im Heim auftraten, in unmittelbarem Zusammenhang mit der Ungewißheit in bezug auf ihre Zukunft, mit der Unentschiedenheit ihres Status standen, beließ man sie doch dadurch in dem Glauben, daß sie, entgegen aller Voraussicht, vielleicht wieder zu ihren Eltern kommen würden, und beeinflußte damit den mühevollen, seit Monaten stattfindenden Prozeß des Trauerns um die Eltern, der nötig ist, um sich auf ein anderes Leben einstellen zu können. Da ich mit den Kindern über Monate, ja sogar über Jahre hinweg – und in der gleichen ohnmächtigen Situation wie sie – die Nachlässigkeit oder Gleichgültigkeit der Gerichte erlebt

und erfahren habe (hinter der nicht selten die Auffassung
stand, daß ein Kind, wie auch immer die familiäre Situation
sein mag, am besten bei seinen Eltern aufgehoben ist), halte
ich es keineswegs für das Beste, nichts zu sagen, auch wenn
ich mich in meiner alltäglichen Praxis darum bemühe, nicht
aus der Rolle zu fallen. Wenn der Psychoanalytiker im sozialen
Bereich Einfluß nehmen möchte, dann nicht, indem er im
Namen oder an der Stelle eines bestimmten Kindes interve-
niert, sondern indem er im Rahmen seiner Möglichkeiten die
Auswirkungen der sozialen Situation auf seine Patienten auf-
zeigt. Tut man dies nicht, macht man sich meines Erachtens
zum Komplizen dieser Praktiken: Es ist bereits schlimm, daß
die Eltern ihre Pflichten nicht wahrnehmen, doch haben Kinder enorme Möglichkeiten, sich damit zurechtzufinden, vor
allem, wenn man ihnen dabei hilft. Die Nachlässigkeit bzw.
das Versagen von Institutionen und Gerichtsbarkeit können
dagegen nicht so leicht bewältigt werden: Bei einem Kind, besonders wenn es jünger als sechs Jahre ist, ist keine Wiedergutmachung, weder in der Realität noch im Symbolischen, möglich, wenn die Justiz seines Geburtslandes versagt, die es sich
doch zur Aufgabe gemacht hat, das Kind zu schützen, gegebe-
nenfalls auch vor seinen Eltern.

Ich bin mir nicht sicher, ob die Gesetze zum Schutz Min-
derjähriger geändert werden müssen, aber ich bin davon überzeugt, daß ihre strikte Anwendung, was die Fristenbestim-
mungen betrifft, von großer Wichtigkeit wäre: Tage, Monate
und manchmal sogar Jahre sind für Kinder nicht das gleiche
wie für Erwachsene. Selbst in derselben Altersstufe hat die
Zeit für ein Kind, das in der Geborgenheit seiner Familie lebt,
nicht die gleiche Bedeutung wie für ein anderes, das darauf
wartet, neue emotionale Beziehungen knüpfen zu können, die
ihm nicht allein sein Überleben, sondern auch sein Leben si-

chern. Wenn bestimmte Fähigkeiten, wie zum Beispiel die
Sprache, nicht in der üblichen Entwicklungsstufe gelernt werden oder sich ausbilden, dann kann dieses Versäumnis irrever-
sibel sein. Selbst wenn die Lebensbedingungen in affektiver
und materieller Hinsicht akzeptabel sind, macht das Gefühl
der Unsicherheit über die Zukunft eine harmonische Entwicklung unmöglich und bleibt eine stete Quelle der Angst, der
Verzweiflung und ohnmächtiger Wut. Kinder, die in Pflegefamilien oder in Heimen aufwachsen, können sich entwickeln,
wenn sie wissen, daß sie dort bleiben werden. Die Angst, daß
die Beziehung abgebrochen wird, bevor sich eine feste Bindung entwickeln konnte, schwächt diese Kinder für ihr ganzes
Leben.

Nach dem französischen Gesetz müssen die Eltern oder
der Familienrat[3] in die Adoption eingewilligt haben, damit
ein minderjähriges Kind adoptiert werden kann, oder es
muß Mündel des Staates oder aufgrund eines Gerichtsur-
teils (gemäß Paragraph 350 des Bürgerlichen Gesetzbuches[4])
als »verlassen« deklariert sein, was der Fall ist, wenn die
Eltern sich länger als ein Jahr nicht um ihr Kind gekümmert
haben. »Eltern, die mit ihrem Kind nicht die notwendigen
Beziehungen zur Aufrechterhaltung affektiver Bindungen
unterhalten, wird zur Last gelegt, daß sie ein eindeutiges
Desinteresse an ihrem Kind zeigen«, lautet der berühmte
Paragraph 350. Eine Postkarte von Zeit zu Zeit, die Über-
sendung von etwas Geld oder ein Telephonanruf genügen
also nicht mehr, um als »Aufrechterhaltung affektiver Bindungen« anerkannt zu werden. Der Gesetzgeber geht sogar noch weiter: »Der einfache Widerruf der Zustimmung
zur Adoption oder die nur geäußerte, aber von keinen Taten
gefolgte Absicht, das Kind wiederaufzunehmen, ist kein
hinreichendes Zeichen des Interesses, um mit vollem Recht

die Aufhebung einer beantragten Verlassenheitserklärung zu bewirken.«

Kinder, die »unter X« geboren werden[5], müssen drei Monate warten, bis der Staat die Vormundschaft übernimmt und sie adoptiert werden können, eine Frist, die den Eltern vom Gesetzgeber zugebilligt wird, damit sie die Möglichkeit haben, ihre Entscheidung rückgängig zu machen, besonders wenn sie diese unter Druck getroffen haben. In diesem besonderen Fall handelt es sich nicht um ein »Verlassen« im juristischen Sinn, sondern um eine Regelung zum Vorteil jener Frauen, die ihr Kind zur Adoption freigeben, aber anonym bleiben möchten. Ist es wünschenswert, daß Eltern ihre Entscheidung rückgängig machen können? Kann eine Entscheidung von solcher Tragweite unverzüglich zurückgenommen werden? Ich habe die Erfahrung gemacht, daß jedesmal, wenn eine Mutter von dieser Bedenkzeit Gebrauch machte und das Kind doch noch anerkannte, sie sich in der Folgezeit nicht um das Kind kümmern konnte und es letztendlich wirklich verließ. Es wäre jedoch eine umfassendere Untersuchung notwendig, um sich darüber eine genauere Meinung zu bilden. Catherine Bonnet[6] gebührt das große Verdienst, daß sie Frauen, die ihr Kind anonym geboren haben, ans Licht der Öffentlichkeit geholt und mit ihnen Gespräche geführt hat. Die Aussagen dieser Frauen veranlaßten sie dazu, sich dafür einzusetzen, daß die Neugeborenen gleich nach ihrer Geburt adoptiert werden können: Frauen, die angesichts ihrer äußerst schwierigen persönlichen Situation wissen, daß sie das Kind nicht großziehen können, ohne sein Leben in Gefahr zu bringen, hätten gern die Gewißheit, es baldmöglichst in der Sicherheit einer Adoptivfamilie aufgehoben zu wissen.

Aber ihrem Wunsch, so verständlich er auch sein mag. kann nur entsprochen werden, wenn er auch im Interesse des

Kindes liegt. Und ist das der Fall? Wenn das Säuglingsheim
oder andere Institutionen, die als Zwischenstation zur Adoption dienen, nur einfache Verwahranstalten sind, in denen einzig die materielle Pflege gesichert ist, dann wäre es sicherlich
besser, daß der Säugling sofort in einer Adoptivfamilie aufgenommen wird.[7] Aber selbst dann müßte in den Entbindungsheimen gewährleistet sein, daß der Säugling entsprechend
empfangen und über die Umstände seiner Geburt und seinen
Status informiert wird sowie über das, was die Mutter ihm
übermitteln wollte, denn die Anonymität bezieht sich nur auf
ihre Identität[8]. In diesem Fall kann die Übergangszeit (wie es
bei Fleur, Zoé, Olivier und natürlich vielen anderen der Fall
war) durchaus einen therapeutischen Effekt haben. Die Adoptivfamilien können, mögen sie auch noch so kompetent sein
und dem Kind viel Liebe entgegenbringen, die Trennung
nicht ungeschehen zu machen. Auch wenn sie Dankbarkeit
für die Frauen empfinden, dank derer sie ihre Familie gründen oder vergrößern konnten, so muß das Kind doch seine
leiblichen Eltern betrauern. Wäre es da nicht besser, daß diese
Trauer zu dem Zeitpunkt geleistet wird, in dem sie ansteht,
von Personen begleitet, die eine gute Bemutterung gewährleisten und die vor allen Dingen auch in Worte fassen, was das
Kind durchlebt und erleidet; die ihm die Sicherheit vermitteln, daß eine Adoptivfamilie es bei sich aufnehmen wird,
wenn seine Mutter es nicht holen kommt. Wenn ein Kind, das
auf diese Weise in der Zwischenzeit betreut wurde, mit drei
Monaten und einem Tag in seine Adoptivfamilie kommen
würde, dann wäre, meine ich, nichts gegen das Verfahren ein-
zuwenden. Aber wenn dieses Kind nun das Unglück hat, gerade im Juli drei Monate alt zu sein, also wenn der Familienrat
Ferien macht und nicht vor September wieder tagen wird,
dann wäre es bei der Adoption bereits sechs Monate alt, und

das ist keineswegs dasselbe! Wenn der Familienrat, der für drei Jahre gewählt wird, gerade am Ende seiner Amtszeit ist und neu besetzt wird, verstreicht ebenfalls geraume Zeit, bis er wieder »aktionsfähig« ist. Wenn das Kind schwer oder auch nur leicht erkrankt ist, wartet man die Genesung ab, obwohl die Krankheit gerade ein Zeichen ist, daß sich seine psychischen Kräfte erschöpfen und es feste Bindungen bräuchte, um wieder gesund zu werden. Die ASE ist schließlich kein Spielzeugladen, in dem es nur schöne, weiße, ganz junge und gesunde Kinder gibt! Was die HIV-positiven Säuglinge anbelangt, bei denen die Tests mit der Zeit negativ werden, scheint es, daß der Familienrat, vielleicht aus Mangel an Informationen, eine vorsichtigere und abwartendere Haltung einnimmt als die Fachärzte, denn die Adoptivfamilien werden ja auf jeden Fall von der Diagnose in Kenntnis gesetzt. Die Vertreter der Institutionen, die für die Rechte der Kinder zuständig sind, sollten eigentlich die ersten sein, sich für diese Rechte auch wirklich einzusetzen, besonders was die Einhaltung der Fristen angeht, und ich finde es bedauerlich, daß die Internationale Vereinigung für die Rechte der Kinder sich zu diesem Punkt nicht äußert, denn leider ist das nicht selbstverständlich.

Auch bei legalisierten Kindern kann das Zögern oder die Unentschiedenheit der leiblichen Eltern, sie einer Adoptivfamilie anzuvertrauen, nicht die oft monatelange oder sogar jahrelange Wartezeit erklären oder rechtfertigen, die sie erleiden müssen. Besonders auch, da sie bereits durch die vorausgegangene Trennung geschwächt sind und effektiv verlassen wurden, wenn dies auch noch nicht rechtlich anerkannt ist.

Man könnte denken, daß, wie die Gesetzestexte ja sagen, nach maximal einem Jahr »Gleichgültigkeit« seitens der Eltern das wie auch immer geartete Schicksal des Kindes feststeht. In Wirklichkeit ist dem nicht so, denn die Mehrzahl der zur Zeit zur Adoption freigegebenen Kinder ist älter als 12 Jahre. Dabei wurden 60 % von ihnen bereits vor ihrem dritten Lebensjahr der ASE anvertraut![9]

Was geschieht nun aber während dieser endlosen Wartezeit, und was sind die Folgen für die Kinder?

Die beiden folgenden Beispiele mögen diese Fragen etwas erhellen. Es sind Ausschnitte aus Behandlungen, wobei der Fokus vor allem auf die äußeren, gerichtlichen Schritte gelegt wurde und deren Auswirkungen auf die Kinder. Wenn sich auch die deutschen Gesetze in manchem von den französischen unterscheiden (vgl. hierzu die Anmerkungen), so gab es oder gibt es doch vergleichbare Situationen, insbesondere was die Problematik langer Wartezeiten und -fristen betrifft, die sich zum Beispiel bei Kindern ausländischer Eltern oft noch beträchtlich verlängern können.

Angèle

Angèle wurde in einem Vorort von Paris geboren und ist das eheliche Kind eines zwanzigjährigen Paares ausländischer Nationalität. Sie ist mit dreizehn Monaten ins Säuglingsheim in Antony gekommen.

Anscheinend stand die Mutter, als sie nach der Entbindung aus dem Krankenhaus kam, ganz allein da, ohne Mann und ohne Papiere. Sie soll dann bei einer Freundin untergekommen sein, wahrscheinlich in einem besetzten Haus. Neun Monate später taucht die besagte Freundin beim Sozialamt auf und bittet darum, daß man sich um Angèle kümmert. Sie gibt an, daß die Mutter ausgewiesen worden sei, als Angèle zwei

Monate alt war, und daß sie ihr das Kind anvertraut hätte. Nach diesem ersten Gespräch meldet sie sich nicht wieder, und das Sozialamt verliert sie aus den Augen, da sie zu den vereinbarten Treffen nicht erscheint.

Drei Monate später (Angèle ist nun ein Jahr alt) wird eine andere »Freundin« beim Sozialamt vorstellig und berichtet, daß erstere ihr das Kind anvertraut habe. Sie erklärt zudem, daß sie den Vater kenne, der in einem Pariser Vorort lebe.

Das Sozialamt gibt dem Jugendgericht die Personalien weiter. Einen Monat später wird Angèle der ASE unterstellt, und es wird eine vorübergehende Unterbringung in einem Heim angeordnet: Die Eltern sind unauffindbar, und die »Freundin« wurde aus dem besetzten Haus, in dem sie wohnte, vertrieben.

Angéle wird also mit dreizehn Monaten ins Säuglingsheim gebracht. Sie kennt ihren Vater nicht, und ihre Mutter hat sie seit ihrem zweiten Lebensmonat nicht mehr wiedergesehen. Sie befindet sich zwar in einem guten körperlichen Zustand, ist aber offensichtlich niemals angeregt worden: Sie kann sich nicht von der Stelle bewegen, kann weder ihre Flasche halten noch irgend etwas ergreifen, geschweige denn spielen. Nach fünfzehn Tagen zeigt sie einen ziemlich gravierenden körperlichen Abbau (Durchfall, Erbrechen, Gewichtsverlust), der drei Wochen andauert, dann erholt sie sich langsam wieder, obwohl sie immer noch ›verloren‹ wirkt und nichts von dem zu verstehen scheint, was mit ihr passiert. Die »Freundin« ist ins Heim gekommen, um sich nach Angèle zu erkundigen, hat sie aber nicht besucht. Zur gleichen Zeit bekam ihre kleine Nachbarin Besuch von ihrer Mutter: Angèle zieht sich daraufhin zurück und weint mehrere Tage lang.

Die Gerichtsmaschinerie geht derweil ihren Gang. Die Eltern werden polizeilich gesucht, es vergehen jedoch acht Mo-

nate, bis man die ASE darüber informiert, daß es keine offi-
ziellen Hinweise darauf gibt, daß die Mutter aus Frankreich
ausgewiesen worden sei. Über den Vater konnte in Erfahrung
gebracht werden, daß er mit dem französischen Gesetz in Konflikt gekommen ist, aber von einer Amnestie profitiert hat und
wieder auf freien Fuß gesetzt wurde. Seitdem hat die Polizei
seine Spur verloren. Auf die Eltern trifft damit einer der Fälle
elterlichen Versagens zu, der im Paragraph 373 des Bürgerlichen Gesetzbuches[10] vorgesehen ist. Angèle ist nun 21 Monate alt; die Frist von einem Jahr, in deren Verlauf die Eltern
ihre Rechte und Pflichten dem Kind gegenüber in Anspruch
nehmen können, ist weit überschritten. Doch statt dies ge-
richtlich bestätigen zu lassen, damit Angèle adoptiert werden
kann, beantragt die ASE nun beim Amtsgericht, daß der Staat
als Pfleger bestellt werden soll[11]. Das Gericht billigt den Antrag, und drei Monate später übernimmt der Staat die Pflegschaft für Angèle, was im Klartext heißt, daß sie nun nicht
mehr adoptiert werden kann: die ASE ist ihr gesetzlicher Pfleger und entscheidet, sie im Heim zu lassen, bis ... bis was eigentlich?

Als Angèle 26 Monate alt ist, teilt die Arrondissement-Ver-
waltung der ASE mit, daß sie von der Flughafenpolizei die Information erhalten hätte, daß die Mutter aus freien Stücken in
ihr Heimatland zurückgekehrt sei (sie ist also niemals ausgewiesen worden). Ein Nachforschungsantrag wird dem Au-
ßenministerium übermittelt. Drei Monate später trifft ein
Schreiben der französischen Botschaft ein, in dem ausgeführt
wird, daß es nicht möglich sei, die erbetenen Nachforschun-
gen anzustellen, da die Angaben über den Wohnort unzureichend seien. Der Vater ist von der »Freundin« über den
Aufenthaltsort seines Kindes informiert worden, hat aber
kein einziges Lebenszeichen von sich gegeben, obwohl sich

seine Tochter schon seit dreizehn Monaten im Säuglingsheim befindet ...

Nun wahrscheinlich doch davon überzeugt (nach 24 Monaten effektiver »Verlassenheit«), daß die leiblichen Eltern Angèle nicht mehr bei sich aufnehmen werden, erbittet die ASE in ihrer Eigenschaft als Pfleger vom Vormundschaftsgericht die Einberufung eines Familienrats, um die Zustimmung zur Adoption zu erhalten. Der Richter weist diesen Antrag jedoch ab, da das Gesetz im Falle einer Pflegschaft des Staates keinen Familienrat vorsieht![12] Die gesamte Prozedur einer Freigabe zur Adoption muß also so schnell wie möglich wieder aufgenommen werden.[13] Die ASE läßt jedoch weitere *sechs Monate* verstreichen, bis sie den Antrag stellt, Angèle für »verlassen« zu erklären. Diese Maßnahme erlaubt, die gesamten Elternrechte auf die ASE zu übertragen. Damit übernimmt der Staat die Vormundschaft, und in diesem Fall kann der Familienrat einberufen werden und einer Adoption zustimmen.

Aber das Gericht fällt das Urteil erst *11 Monate* später. Angèle ist inzwischen 3 Jahre und 8 Monate alt.

Der Familienrat braucht daraufhin nochmals *6 Monate*, um zusammenzutreten, und weitere *2 Monate*, um einen ersten Kontakt mit einer Adoptivfamilie herzustellen, die ihrerseits schon 18 Monate auf ein Kind wartete, nachdem sie die Zustimmung der Adoptionsbehörde erhalten hatte.

Angèle ist inzwischen *viereinhalb Jahre* alt. Als sie mit 13 Monaten ins Säuglingsheim kam, hatten sie ihre Eltern bereits seit 11 Monaten verlassen, dennoch hat sie noch *drei Jahre* warten müssen, bis sie schließlich adoptiert werden konnte ... Dieser Fall bildet leider keine Ausnahme: Die Sozialarbeiter gehen davon aus, daß zwischen dem Antrag auf Verlassenheits-Erklärung beim Landgericht und dem Urteilsspruch im Durchschnitt *mindestens ein Jahr* vergeht! Man

muß hinzufügen, daß die Verlassenheits-Erklärung an sich
noch keine Freigabe zur Adoption darstellt, denn hierfür ist
die Zustimmung des Familienrats notwendig.

Ich habe Angèle das erste Mal gesehen, als sie drei Jahre alt
war. Man hatte sie mir überwiesen, da sie nur wenige Worte
sprechen und keine Sätze bilden konnte. Da das Verlassen-
heits-Urteil bereits beantragt war, sagte ich ihr schon bei
unserer ersten Begegnung, daß sie ihre leiblichen Eltern
wahrscheinlich nie mehr wiedersehen und von einer Familie
adoptiert würde. Ich erklärte ihr dabei genau den Unterschied
zwischen der Pflegefamilie, bei der sie regelmäßig die Ferien
verbrachte (und von der sie adoptiert zu werden wünschte, wie
sie mir später erzählte) und einer zukünftigen Adoptivfamilie,
die sie kennenlernen würde, sobald der Familienrat darüber
entschieden hätte.

Zwei Monate später, nach den großen Ferien, die sie bei
der Pflegefamilie verbracht hatte, drückt sich Angèle schon
viel besser aus, spricht spontan in kleinen kurzen Sätzen, wiederholt gern die Ausdrücke, die sie hört, und imitiert die Säuglingsschwestern, wenn sie sich mit den kleinen Babys beschäftigen. Das erste, was sie in der Behandlungsstunde nach den
Ferien gemacht hat, war, den Sauger einer Babyflasche mit
einer Schere zu zerschneiden. Darauf hat sie die Flasche mit
kleinen Knetstücken gefüllt, die sie vorher zerschnitten hatte,
ohne sich auch nur im geringsten um mich zu kümmern. Ungefähr zur gleichen Zeit ist eine kleine Freundin von ihr aus
dem Säuglingsheim adoptiert worden, und die Adoptiveltern
haben ihr einen neuen Vornamen gegeben. Angèle hat daraufhin angefangen, allen kleinen Mädchen den neuen Namen
ihrer Freundin zu geben.

Charakteristisch für die Behandlung von Angèle ist, daß

sie, einmal abgesehen vom Ende, ihre Analyse praktisch ganz
allein und stillschweigend gemacht hat. In der zweiten Sitzung habe ich sie darum gebeten, eine symbolische Bezahlung
mitzubringen, und das erste Wort, das sie mir gegenüber geäußert hat, ist »Kieselstein« gewesen. Sie hat die Bezahlung
nie vergessen, allerdings hat es mehrere Sitzungen gedauert,
bis sie sich davon trennen konnte, so als wäre es für sie notwendig gewesen, erst einmal die Erfahrung gemacht zu haben,
daß ihr ein Ding ganz gehört, bevor sie sich davon trennen
konnte. So hat sie, nachdem sie den Stein in meine Schublade
gelegt hat, mehrfach nachgeschaut, ob er noch da ist.

Angèle hat ihre Stunden gestaltet, wie sie es verstand, ohne
daß ich hätte intervenieren müssen, außer an manchen Stellen, um ihr das zu sagen, was ich zu verstehen glaubte und was
sie auch gern annahm. Sie zeichnete, wie mir schien, in den
Sitzungen ihre Vergangenheit vor dem Säuglingsheim nach,
wo es viele Menschen, sehr wenig Platz und zahlreiche Trennungen gegeben haben muß. Zudem wurde ihre ganze körperliche Entwicklung, bis hin zu ihrer sexuellen Neugier, die
im Augenblick ihr Problem war, deutlich. Ich habe in die
Dynamik der Sitzungen ihre Familiengeschichte und ihren
gesetzlichen Status einbringen können, wobei ich mich bemühte, klar und sachlich zu sein und keinerlei Wertung, weder über ihre Eltern noch über die »Freundinnen« noch über
die ASE abzugeben. Sie ist sich im Verlauf der Behandlung
ihrer Hautfarbe bewußt geworden, fand sich am Anfang, solange sie noch hoffte, von der Pflegefamilie adoptiert zu werden, »nicht schön« und suchte nach einem Grund, warum
diese sie nicht adoptierte. Als sie zur Überzeugung gelangt
war, daß die Pflegefamilie sie nicht adoptieren werde, zerstörte sie ihr Album mit den Ferienphotos und stellte sich
einen schwarzen Papa und eine weiße Mama vor, die sie nur

wirklich zu lange warten ließen. Daraufhin fand sie sich
»schön«. Als die Adoption Realität wurde, fing sie an, viel
mehr zu sprechen, und machte sich Gedanken darüber, ob sie
wieder ein kleines Baby werden müßte, wenn sie in die neue
Familie käme, oder ob sie die »gleiche« bleiben könne, ob sie
die Vergangenheit »vergessen« sollte oder ob sie damit leben
könne. Sie hatte den Wunsch geäußert, sich die Haare ganz
kurz schneiden zu lassen, und in der darauffolgenden Stunde
hat sie ein Männchen gezeichnet, »das keinen Namen hat«,
dann einen Papa, »der einen Namen gibt«. In den Monaten
des Wartens zeichnete Angèle unablässig »mißratene« Ma-
mas, die sie sich immer wieder von neuem zu malen zwang, sowie zerrissene Häuser und entzweigeschnittene Körper.

Kurz vor dem ersten Treffen mit ihrer Adoptivfamilie (Angèle ist nun viereinhalb Jahre alt) ist sie »ausgeflippt« und hat
vor lauter Emotionen zu schluchzen angefangen. Aber dann
ist das erste Treffen offensichtlich gut verlaufen. Zur letzten
Sitzung vor ihrer Abreise bringt mir Angèle einen Kieselstein
und sieben Kastanien mit. Sie hat sie gezählt, es sind ihrer
Meinung nach »neun«. Ich habe sie gefragt, ob sie in eine ka-
stanienbraune Familie komme, und sie hat mit ja geantwortet.
(In Wirklichkeit ist die Familie jedoch weiß, wie ich später erfahre.) Meine Frage war nicht sehr treffend, und ich habe
mich noch lange gefragt, was diese sieben schönen Kastanien
mit ihren weißen Käppchen bedeutet haben mögen, die sie
mir gerade zu dem Zeitpunkt mitbringt, als sie ein neues Leben beginnt. Vielleicht hat Angèle, als sie mir auf Wiedersehen
sagte, mit dem Kieselstein und den Kastanien, die sie in meine
Schublade legte, ihre analysierte Vergangenheit und ihre zahlreichen Ersatzmütter, die kastanienbraunen und die weißen,
die ihr dabei geholfen haben, sich selbst zu schaffen, hinter
sich gelassen.

Léa

Léa ist das jüngste Kind der Familie. Sie hat einen Bruder, der bei den Eltern lebt, und eine Schwester, die in einem speziellen Internat untergebracht ist. Beide Kinder werden von der *assistance éducative en milieu ouvert* (AEMO) betreut, einer ambulanten Erziehungsfürsorge.

Der Vater geht einer geregelten Arbeit nach, die Mutter ist jedoch ohne Beruf, depressiv und alkoholabhängig. Sie hat schon mehrere Aufenthalte in der psychiatrischen Anstalt hinter sich. Während der Schwangerschaft hat Léas Mutter keinen Arzt aufgesucht. Léa wog bei Geburt nur 1980 Gramm, daher mußte sie gleich nach der Geburt in ein Krankenhaus gebracht werden, wo sie drei Wochen blieb. Die Mutter hat das Entbindungsheim sechs Tage nach der Geburt verlassen. Zwei Wochen später hat sie ihre Tochter im Krankenhaus besucht, aber am Tag der vorgesehenen Entlassung ist niemand erschienen, um Léa zu holen. Die Krankenhausverwaltung hat sich daher an den Jugendrichter gewandt, der eine vorübergehende Unterbringung von Léa im Säuglingsheim angeordnet hat, wo sie im Alter von fünf Wochen eingetroffen ist. Die Eltern erhielten eine briefliche Benachrichtigung über die Heimunterbringung ihres Kindes, haben darauf aber nicht reagiert. Erst drei Wochen später ist es der Sozialfürsorge gelungen, die Mutter zu Hause anzutreffen. Sie hatte ihr Kind nicht anerkannt und erst auf Drängen der Sozialarbeiterin die notwendigen Schritte eingeleitet, obwohl die Anerkennung des Kindes kein Beweis dafür ist, daß man ihm auch Interesse entgegenbringt[13] ... In der Folge sind weder der Vater noch die Mutter jemals zu den vereinbarten Treffen im Büro der ASE erschienen. Sie haben auch keinen Kontakt zu ihrer Tochter im Säuglingsheim aufgenommen, allerdings haben Mitarbei-

ter der Sozialfürsorge sie zweimal zu Hause angetroffen ...
nachdem sie die Tür mit Gewalt geöffnet hatten. Dabei sagte
die Mutter den Sozialarbeitern jedesmal: »Ihr habt sie gewollt,
ihr könnt sie behalten.« Sie hat sich geweigert, Léa besuchen
zu gehen, und sogar über sie zu reden, »um nicht zu leiden«.
Die Unterbringung ihrer anderen Tochter habe ihr schon zu
großen Kummer bereitet.

Als Léa viereinhalb Monate alt ist, erscheint die Mutter
zwar zu einer Vorladung des Jugendrichters, will aber auch
dort nicht über ihre Tochter reden. Der Richter legt ihr nahe,
Léa zur Adoption freizugeben; und die Mutter zeigt sich auch
bereit, sofort ihr Einverständnis zu geben, aber hierfür sind
auch die Anwesenheit und das Einverständnis des Vaters notwendig.

Die Sozialarbeiterin versuchte danach mehrmals, mit den
Eltern in Kontakt zu kommen, es gelang ihr aber erst vier Monate später, die Eltern in ihrer Wohnung anzutreffen. Die
Mutter weigerte sich wiederum, über Léa zu sprechen, sagte
aber in Gegenwart des Vaters, sie lehne das Kind schon seit Beginn der Schwangerschaft ab, da der Vater Zweifel an seiner
Vaterschaft geäußert habe.

Auf seine Bitte hin wurde der Vater allein zu einem Gespräch in der Sozialfürsorge geladen. Er äußerte den Wunsch,
mit seiner Tochter Kontakt aufzunehmen, und weigerte sich
entschieden, seine Einwilligung zur Adoption zu geben[14]. Er
gab an, daß er niemals den Brief erhalten habe, in dem die Unterbringung seiner Tochter mitgeteilt wurde, und daß er seiner Frau gedroht habe, sie zu verlassen, wenn sie sich weigere,
Léa bei sich aufzunehmen. Nach diesen Äußerungen ist er nie
wieder erschienen.

Léa ist nun bereits zehn Monate alt, und das Personal des
Säuglingsheims ist übereingekommen, sie mir zur Behand-

lung zu überweisen, da sie sich, wie sie sagen, »in zyklischen Abständen« entwickle. Einige Wochen lang sei sie sehr aktiv und vital, dann folge eine depressive Periode, in der sie sich weigere zu essen, die Mahlzeiten erbreche und jeden Kontakt zu den Säuglingsschwestern ablehne.

Als Léa sieben Monate alt ist, sind eine Sozialarbeiterin und eine Erzieherin der ASE zu ihr ins Säuglingsheim gekommen, um mit ihr über die Schwierigkeiten zu reden, ihre Eltern anzutreffen und ihre weiteren Pläne zu erfahren. Das Gespräch ist äußerst schmerzlich für Léa gewesen. Als man über ihre Eltern sprach, hat sie heftig zu schluchzen angefangen und während des ganzen Gesprächs nicht mehr aufgehört zu weinen. Danach hat sie sich mühsam wieder beruhigt, blieb aber mehrere Tage lang traurig und verlangte häufig nach der Anwesenheit ihrer Säuglingsschwestern, von denen sie sich auch trösten ließ. Ein halber, aber doch wirksamer Trost, denn nach einigen Tagen entwöhnte sie sich ganz allein vom Fläschchen und aß ihre Mahlzeiten am Mittag und Abend mit dem Löffel. Zudem wurde sie wieder lebhafter und fröhlicher. Das Personal hatte daher den Eindruck, daß Léa nun groß werden und sich weiterentwickeln wollte. Aber einen Monat später fiel sie wieder in einen depressiven Zustand, weigerte sich zu sitzen, selbständig zu essen und brachte sich selbst zum Erbrechen, indem sie sich die Finger in den Hals steckte.

Mit dreizehn Monaten haben die Eltern ihrer Tochter immer noch kein Lebenszeichen von sich gegeben. Die gesetzlich vorgeschriebene Frist von zwölf Monaten ist also abgelaufen. Ein Antrag auf eine gerichtliche Verlassenheits-Erklärung (Art. 350) ist eingereicht. Als ich mit Léa ausführlich darüber spreche, hört sie mir mit höchster Aufmerksamkeit zu.

Zu diesem Zeitpunkt, also drei Monate nach Beginn der

Behandlung, bringt sich Léa immer noch nach beinahe jeder
Mahlzeit zum Erbrechen. Nachdem ich mit ihr über den Artikel 350 und die Aussicht auf eine Adoption gesprochen habe,
die allerdings nur möglich sei, wenn sich ihre leiblichen
Eltern nicht in der vorgegebenen Einspruchsfrist dagegen
aussprechen würden, macht sie schnell große Fortschritte im
motorischen Bereich, steht allein auf und läuft in einer Geh-
hilfe. Sie beginnt nun zudem damit, Dinge beim Spiel mit anderen zu tauschen und auch zu sprechen. Sie kann den Deckel
eines Filzstiftes abnehmen und geschickt wieder draufsetzen.

Als Léa sechzehn Monate ist, also drei Monate später, haben die Eltern von ihrem Einspruchsrecht noch keinen Gebrauch gemacht. Diesen Tag wählt sich Léa, um frei zu laufen.

Als sie achtzehn Monate ist, hat das Gericht immer noch
keine Entscheidung gefällt.

Als sie zwanzig Monate ist, erfahre ich, daß der zuständige
Richter die Entscheidung für einen weiteren Monat aufge-
schoben hat, obwohl die Eltern kein Lebenszeichen von sich
gegeben haben. Léa beginnt sehr aggressiv zu werden und die
anderen Kinder und sich selbst zu verletzen.

Einen Monat später lädt der Richter beide Eltern vor (vielleicht in der letzten Hoffnung, daß Léa doch noch in ihrer natürlichen Familie Aufnahme findet?). Aber nur der Vater
kommt. Er verweigert seine Einwilligung zur Adoption, be-
hauptet, mit der ASE Kontakt aufgenommen und einen Anwalt konsultiert zu haben. Er hat im Prinzip noch zwei Monate, um Einspruch zu erheben. Er hat Léa seit ihrer Geburt
kein einziges Mal besucht und wird sie auch nach seinen kraft-
vollen Beteuerungen nicht besuchen. Die Unterredung wird
Léa mitgeteilt.

Auch nach drei Monaten hat der Vater keinen Einspruch
erhoben. Bei der ASE hat er sich nicht blicken lassen, und es

ist auch kein Rechtsanwalt auf der Bildfläche erschienen. Léa hält sich nicht an Verbote und bekommt heftige Wutanfälle, aus denen sie nur schwer wieder herausfindet. Zur gleichen Zeit wird sie sauber und spricht immer besser.

Als sie sechsundzwanzig Monate ist, kommt sie in den Kindergarten, der sich ebenfalls im Säuglingsheim befindet. Beim Richter findet eine Anhörung statt, er trifft die Entscheidung ... noch zwei Monate zu warten. Nachdem Léa diese Entscheidung mitgeteilt wurde, weint sie eine ganze Woche lang.

Als sie achtundzwanzig Monate ist, verläßt die für sie verantwortliche Säuglingsschwester das Heim. Léa beginnt andere Kinder zu beißen.

Als sie neunundzwanzig Monate ist, das heißt *fünfzehn Monate* nach der Antragstellung, wird das Verlassenheitsurteil endlich gefällt, der Vater hat aber noch eine Frist von zwei Monaten, um Revision einzulegen ...

Als sie einunddreißig Monate ist, die Frist ist mittlerweile verstrichen, gibt es immer noch nichts Neues. Léa fängt an, sich absichtlich die Treppe hinunterzustürzen, und verletzt sich einige Male. Es sind wirkliche Selbstmordversuche. Auch in den Sitzungen läßt sie sich so heftig vom Stuhl fallen, daß sie sich verletzt, und sie sagt mir, daß sie sterben wolle. Möchte sie das, um nicht mehr leiden zu müssen? Aufgrund ihrer jetzigen rechtlichen Situation kann ich ihr endlich sagen, daß sie wahrscheinlich ihre leiblichen Eltern niemals mehr wiedersehen wird, und ich erwähne auch das Wort Verlassenheit. Sie nimmt daraufhin ihre Patientenakte, auf der ihr Name steht, und schneidet das oberste Blatt, mitten durch ihren Namen hindurch, entzwei.

Als sie zweiunddreißig Monate ist, nimmt der Richter zu Protokoll, daß der Vater keine Revision beantragt hat. Damit kann der Fall beim nächsten Familienrat behandelt werden, um die notwendigen Schritte für eine Adoption einzuleiten. In den Behandlungsstunden sprechen wir von Schnitten, Adoption und Namenswechsel. Das Treffen des Familienrats kommt erst nach weiteren drei Monaten zustande ... In der Zwischenzeit hat der Vater den Inspektor der ASE aufgesucht, um ihm seine Bedenken in bezug auf Léa mitzuteilen, und um zu erfahren, ob er sie eines Tages wiedersehen werde.[15]

In den Behandlungsstunden zieht Léa nur Striche (unter die Vergangenheit?), tauscht ihren Filzstift gegen den meinen (mit dem ich ihre Patientenakte schreibe) und zieht dann damit ihre Striche. Sie schreibt ihre Geschichte selbst mit gerade gezogenen Strichen, die ständig abbrechen.

Unmittelbar nach der Zusammenkunft des Familienrates steht die Adoptionsfamilie fest. Man informiert mich darüber, damit ich mit Léa bei unserem nächsten Treffen, das das letzte sein wird, darüber reden kann. Léa zeichnet unbeirrbar ihre Striche weiter, die sich in allen Richtungen kreuzen. Nachdem wir uns »Lebwohl« gesagt haben, möchte sie mir noch zeigen (schau!), daß sie allein und ohne zu fallen von ihrem Stuhl herunterkommen kann. Sie zieht mich hinter sich aus der Tür, um mir auch zu zeigen, daß sie wunderbar die Treppe hinuntersteigen kann, ohne sich am Geländer festzuhalten und zu stürzen. Als sie unten ist, dreht sie sich nach mir um, lacht und geht weg.

Léa wird adoptiert, als sie drei Jahre alt ist. Seit ihrer dritten Lebenswoche hat sie ihre leiblichen Eltern nicht mehr gesehen. Ihre Mutter hat mündlich vor dem Richter in eine Adoption eingewilligt, als sie vier Monate alt war, und sie hat niemals eine andere Meinung vertreten, ganz im Gegenteil. Was den Vater betrifft, so hat er, wenn er sich auch gegen eine Adoption ausgesprochen hat, niemals auch nur den geringsten Zusammenhang zwischen seinen Worten und seinen Taten erkennen lassen. Ist es denn wirklich im Interesse von Léa und selbst dem ihrer leiblichen Eltern, sich darauf zu versteifen, sie doch noch wieder zusammenzuführen?

Diese beiden kleinen Mädchen haben es überlebt, in den ersten Lebenswochen oder -monaten von ihren Eltern verlassen worden zu sein, sie haben vom Personal des Säuglingsheim eine große emotionale Zuwendung erhalten, was sie davor bewahrte, einen irreparablen physischen oder psychischen Schaden zu nehmen. Die für sie zuständigen Mitarbeiter der ASE haben sich bemüht, sie über die sie betreffenden Entscheidungen auf dem laufenden zu halten, und waren damit einverstanden, daß sie eine psychoanalytische Therapie machten. Sie wurden schließlich in einem Alter adoptiert, wo ich, auch wenn es schockierend klingen mag, sagen würde, daß sie beide bereits fähig waren, sich selbst zu bemuttern, was natürlich nicht bedeutet, daß sie zu diesem Zeitpunkt keine Erwachsenen mehr gebraucht hätten: Für Angèle und Léa war nicht so sehr die Tatsache, adoptiert zu werden, entscheidend, sondern vielmehr das Wissen, ob sie nun verlassen worden sind oder nicht, und wo sie in den nächsten Wochen und Monaten leben und sich entwickeln würden. Erst dieses Wissen macht sie fähig, das Abenteuer des Lebens zu wagen, ohne in jedem Augenblick Angst vor einem jähen Ende haben zu müssen. Ihr Leben im Säuglingsheim war weder in affektiver noch in materieller Hinsicht die Hölle, weit entfernt davon. Aber die Säuglingsschwestern, wie groß auch immer ihre Qualitäten sein mögen (und sie sind sicher sehr groß), wissen, daß ihre Beziehung zu dem einen oder anderen Kind nur vorübergehender Natur ist, und müssen sich daher vor den Verwundungen schützen, die jede Trennung nach sich zieht: Sie können zwar akzeptieren, daß ein Kind sich besonders eng an eine von ihnen anschließt, dürfen es sich aber selbst nicht erlauben, sich innerlich stärker an ein Kind zu binden als an ein anderes. Dies verzerrt die affektiven Beziehungen zwischen dem Kind und den Erwachsenen in einer ganz subtilen Weise: Auch wenn einige daran zweifeln, daß so kleine Kinder auf eine Regelung ihres Status tatsächlich warten, so können sie doch nicht leugnen, daß das Warten auf diese Regelung die emotionale Beziehung der Erwachsenen, die sich mit den Kindern beschäftigen, zu diesen Kindern in irgendeiner Form beeinflußt.

Man könnte den Kindern viel psychisches Leid ersparen und die Arbeit des Personals erleichtern, wenn man bei den gesetzlichen Fristen (ein Jahr »Gleichgültigkeit« ist für einen Säugling eine äußerst lange Zeit und könnte für das Kind sogar tödlich sein, wenn es nicht von anderen Personen versorgt würde) der Unfähigkeit mancher leiblichen Eltern, die Verantwortung für ihr Kind zu übernehmen, stärker Rechnung tragen würde. Statt dessen werden die Kinder, die neue Bindungen knüpfen könnten, nachdem sie es überwunden haben, verlassen worden zu sein, in dem Glauben gehalten, diese Bindungen seien nur vorübergehend, da man sich an die Hoffnung auf eine höchst unwahrscheinliche Familienzusammenführung klammert. Ein Kind kann sich über seine Vergangenheit symbolisch strukturieren, indem es die leiblichen Eltern, die es verlassen haben, verinnerlicht. Im Laufe der psychoanalytischen Behandlungen kann man mit großer Regelmäßigkeit beobachten, daß diese Strukturierung sehr rasch einsetzt, sobald das gerichtliche Verlassenheitsurteil ausgesprochen ist und man dem Kind mitteilen kann: Du wirst deine Mutter in der Wirklichkeit nicht mehr sehen, aber du trägst sie für immer in deinem Innern.

Das Warten auf eine gerichtliche Entscheidung kann mit den Folgen emotionaler Unterversorgung verglichen werden, wie Spitz[16] sie beschrieben hat und die man überwunden glaubte, bis man die schrecklichen Bilder aus den Waisenhäusern in Rumänien sah. Nachdem Angèle und Léa von ihren Müttern verlassen wurden, haben sie weder einen Mangel an Sorge noch an Liebe erleiden müssen. Spitz hat sehr überzeugend dargestellt, daß es bei einem Säugling nur dann zu einer anaklitischen Depression[17] als Folge einer Trennung von der Mutter kommt, wenn vorher eine gute Beziehung zur Mutter bestanden hat. In unserem Fall handelt es sich auch um verlassene Kinder, die jedoch ausreichend gute Beziehungen zu ihren Säuglingsschwestern knüpfen konnten. Ihr größtes Leid besteht darin, eine unbestimmte Zeit, in aller Ungewißheit, auf eine gerichtliche Entscheidung warten zu müssen. Die auftretenden Störungen sind nicht so spektakulär wie bei den Kindern, die an einem völligen emotionalen Mangel leiden (Hospitalismus), aber sie betreffen in verschiedener Weise, je nach Alter des Kindes und Dauer der Wartezeit, die gesamte Entwicklung des Kindes und seine affektiven Beziehungen: die motorische Entwicklung, die physische Gesundheit, die geistige Entwicklung, die Beziehungen zu seiner Umwelt, die Fähigkeit zu symbolischer Strukturierung. Da es bekannt ist, daß die Schäden, die ein Kind erleidet, das von seiner Mutter (oder auch seinem Mutterersatz) getrennt wird, um so größer sind, je länger diese Trennung andauert (und daß sogar manche nach dem fünften Monat nicht mehr wiedergutzumachen sind), so wäre es meiner Meinung nach auch leicht zu beweisen, daß die pathogenen Auswirkungen des Wartens auf eine Regelung ihres Status mit der Dauer dieser Wartezeit zunehmen und daß einige dieser Auswirkungen, besonders jene, die den Spracherwerb und die Beziehungen zur

Umwelt angehen, nicht immer rückgängig zu machen sind.
Es ist für die Kinder, die in einem Säuglingsheim aufgezogen
wurden, sicherlich auch nicht ohne Bedeutung, daß sie keinerlei Beziehungen zu Männern haben, da das Personal nur aus
Frauen besteht. Wenn sie ins Krankenhaus kommen, treffen
sie mit Ärzten zusammen, allerdings sind der größte Teil der
Kinderärzte auch Frauen, außer dem Chefarzt! Bestenfalls
sind der Jugendrichter und der Referent der ASE Männer,
aber auch in diesen Posten finden sich, wie in allen Bereichen,
die mit Kindern zu tun haben, meistenteils Frauen.

Aus verständlichen Gründen habe ich die Eltern, die ihr
Kind verlassen haben, nicht sprechen können. Sie hatten dafür sicher bewußte und auch unbewußte Gründe, die sehr
komplex und schmerzhaft sein mögen. Es ist durchaus einsichtig, daß es zunächst die Aufgabe der Sozialdienste und der
Justiz ist, diese Eltern aufzusuchen und abzuklären, ob es eine
Möglichkeit gibt, daß sie ihr Kind aufziehen können. Wenn
aber offensichtlich wird, daß die leiblichen Eltern verschwunden sind oder sie ihre Einstellung nicht ändern werden – auch
wenn sie manchmal das Gegenteil von dem sagen, was sie tun,
wie zum Beispiel Léas Vater –, dann ist es eine absolute Notwendigkeit, dem Kind so schnell wie möglich einen eindeutigen rechtlichen Status zu geben. Die vorgeschriebenen Fristen zur amtlichen Feststellung der Verlassenheit sind aus der
Perspektive eines Kindes, das noch keine vier Jahre alt ist, bereits unendlich lang. Die beträchtlichen Verbesserungen im
affektiven Bereich, die in bestimmten öffentlichen Einrichtungen (nicht in allen …) festzustellen sind, dürfen uns nicht
darüber hinwegtäuschen: Diese Lebensbereiche (Säuglingsheim oder Pflegefamilie) können, schon deshalb, weil sie nur
einen Übergang darstellen, einem Kind, das von seinen Eltern
verlassen wurde, kein ausreichendes Sicherheitsgefühl ver

mitteln, solange sein rechtlicher Status nicht eindeutig geklärt ist. Je länger diese Unsicherheit andauert, desto schwerwiegender sind die Folgen. Es spielt sich zwar nicht »alles« vor dem sechsten Lebensjahr ab, aber nichts löscht sich jemals wieder aus.

Epilog

Jeder Mensch strebt nach Wissen.
Aristoteles

Ich habe den Film *Der Bär* schrecklich gefunden. Nicht, weil ich Tiere nicht mag. Aber mich befällt ein tiefes Unbehagen, wenn Menschen das Verhalten von Tieren interpretieren, indem sie ihnen ihre höchst eigenen Interpretationsmodelle unterschieben (Anthropomorphismus), um uns Tränen der Rührung zu entlocken. Die Verhaltensforscher des 20. Jahrhunderts (Konrad Lorenz und Desmond Morris etwa, um nur zwei der bekanntesten zu nennen) haben uns gelehrt, daß jede Tierart der Welt, die sie umgibt, einen bestimmten Sinn zuordnet: Dieser Sinn ist keineswegs angeboren noch gänzlich von den Umweltbedingungen bestimmt. Die Studien dieser Tierforscher sind deswegen so faszinierend, weil wir durch sie eine *andere* Welt entdecken. Man kann dies nicht besser ausdrücken als Georges Canguilhem mit seinem Satz: »Ein Igel überquert nicht die Straße.«

Jahrhundertelang haben die Erwachsenen den Kindern, solange sie nicht sprechen konnten, *keinerlei menschliches Gefühl* zugesprochen, höchstens einige mechanische Fähigkeiten, ihre elementaren Bedürfnisse auszudrücken, wie sie auch Tieren zugestanden wurden, bevor Charles Darwin die Tiere vermenschlichte, indem er nurmehr einen quantitativen, nicht aber qualitativen Unterschied zwischen der Intelligenz eines Menschen und der eines Tieres machte.[1]

Auch wenn Kinder die Sprache beherrschen, werden ihre Verständnisfähigkeiten noch lange nicht hoch eingeschätzt, vor allem dann nicht, wenn es die Erwachsenen stören würde. Welcher Psychoanalytiker hätte noch nie Eltern getroffen, die in Gegenwart des manchmal über sechsjährigen Kindes ihre düsteren Familiengeschichten erzählten, aber zugleich beteuerten, daß das Kind nichts davon wisse, da es das ja sowieso noch nicht verstehen könne?

Sie werden ahnen, daß ich, selbst wenn ich andere Wissenschaftsbereiche als die Psychoanalyse heranziehe, keine klare Anwort auf die Frage geben kann, die sich bei der Lektüre all dieser Beobachtungen stellt: Wie ist es möglich? Aber es ist sicherlich kein Zufall, daß es gerade die Psychoanalytiker sind, die behaupten, daß der Mensch von Geburt an der menschlichen Sprache einen Sinn gibt.

Wenn man das Kind als ein Subjekt betrachtet, das von Beginn an agiert und nicht bloß reagiert, wenn man es als ein menschliches Wesen betrachtet, das ab oder bereits vor seiner Empfängnis durch die Sprache geprägt ist, und nicht als ein kleines unreifes Tier, dann erlaubt die Psychoanalyse eine wesentliche Umkehrung der Frage, die nun nicht mehr lautet: Wie versteht es? sondern: Wie und warum haben wir uns so lange einbilden können, daß es nichts versteht? Die Wege des Verstehens, wie auch jene der kindlichen Amnesie, sind uns bis heute noch weitgehend unzugänglich, aber wir haben dank bestimmter Theorien und der analytischen Praxis mit Kindern und Erwachsenen gelernt, uns eine Vorstellung von der psychischen Aktivität von Säuglingen und Kleinkindern machen zu können.

Sobald ein Kind auf die Welt kommt, läßt es seine Stimme hören, wird es bei seinem Namen genannt und hört es beim Reden zu. Das gibt ihm eine soziale Existenz und eine symbolische Aktivität. Die symbolische Aktivität vermittelt sich bei einem Kind, das noch nicht sprechen kann, über die Körperfunktionen und muß nicht erst gelernt werden: Atmung, Verdauung, Immunsystem, sensorische Wahrnehmung, Gefühlsäußerungen usw. Da das Kind der Sprache unterworfen ist, kann sein Körper auch andere Dinge als rein biologische Funktionen ausdrücken. Bemüht man sich, den Funktionsstörungen eines Kindes einen symbolischen Sinn zu geben (was natürlich keineswegs eine medizinische Behandlung ersetzt, wenn sie notwendig ist!), ohne eigentlich genau zu wissen, welche Dimension der Psyche wir damit ansprechen, ist man immer wieder erstaunt festzustellen, daß die Funktionsstörungen verschwinden, als ob die Sprache ein »Organisator« wäre, der die Funktionsweise von Körper und Psyche zurechtrückt, verändert oder neu ordnet.

Selbst unter jenen, die die Ansicht vertreten, daß das Kind einen verstehen kann, wenn man mit ihm über seine Ursprünge oder den Grund für eine abrupte Trennung spricht, gibt es einige, die sich die Frage stellen, ob man ihm »alles sagen soll«. Nachdem man dem Kind zuerst die Fähigkeit zu verstehen abgesprochen hat, gibt man nun vor, es schützen zu wollen, indem man es in einer manipulierten Unwissenheit hält. Wenn man sich nicht gar darüber sorgt, daß das »wehrlose« Kind vielleicht gar nichts wissen will! Aber selbst um nichts zu wissen, um zu vergessen, muß man erst gewußt haben.

Wenn Jugendlichen oder Erwachsenen, die Wahrheit über ihre Ursprünge, ihre Eltern oder ihre Vorfahren enthüllt wird (oder wenn im Laufe einer Analyse ein Mann oder eine Frau Fragen an ihre Eltern stellen), kann man sehen, daß – nach dem ersten Schock – allein die Tatsache, daß die Dinge *ausgesprochen* wurden, es möglich macht, die verschiedensten Erinnerungen ins Gedächtnis zurückzuholen, seien es Gesprächsfetzen, wahrgenommene, aber nicht verstandene Reaktionen, körperliche Beschwerden, bedeutende Entscheidungen, deren Sinn unklar geblieben ist, lauter verstreute Teile eines Puzzles, zu dem ein wichtiger Teil fehlte, um das Ganze zu verstehen.

Heutzutage hört man genauso häufig, daß die Kinder »alles wissen« wie daß sie »nichts verstehen«. Das kann durchaus zutreffen, solange man sich nicht die Mühe macht, das zu benennen, was ihr Wahrnehmungssystem in aktiver Weise aufnimmt und nicht in passiver, wie man es lange Zeit gedacht hat. Das ist übrigens auch der Hauptunterschied zwischen einem Menschenbaby und einem Tierbaby: Ein Tier hat die Möglichkeit, seinen Wahrnehmungen auch ohne Sprache einen Sinn zuzuordnen, was bei den Menschen nicht der Fall ist.

Lacan hat einmal gesagt: »Psychoanalyse, das ist die Ortung dessen, was man an Unverständlichem versteht, was durch Verstehen unverständlich wird, ausgehend von einem Signifikat, das einen Ort im Körper markiert hat.«

Es ist sicherlich nicht das gleiche, ob man einen Menschen Störungen durchmachen läßt, die man als »chemo-physikalische« qualifizieren kann, oder ob man ihm die Möglichkeit gibt, diese körperlichen Störungen durch das Wort in psychische Erfahrungen umzuwandeln.

Denn Kinder, und nicht nur jene, die der ASE anvertraut sind, werden, wenn auch in verschiedener Stärke, mit Leid, Ungerechtigkeit, Krankheit oder Tod konfrontiert, und die Psychoanalyse kann ihnen, in der Wirklichkeit, nichts ersparen. Doch gibt sie die Möglichkeit, die in Zusammenhang mit diesen Ereignissen oder einschneidenden Äußerungen empfundenen Gefühle in der Beziehung zum Analytiker wieder-

zuentdecken. Das Kind vermag dann vielleicht, diese Gefühle
zu verarbeiten und sie Erinnerungen einer abgeschlossenen
Vergangenheit werden zu lassen.

Als Analytiker von Säuglingen und Kleinkindern muß man
jedes Kind als ein selbständiges Wesen betrachten, das auto-
nome Wünsche hat, lange bevor es fähig ist, in der Wirklichkeit autonom zu sein, und man darf den Mangel an Erfahrung
und das sprachliche Unvermögen nicht mit einem Nichts
gleichsetzen. Der Psychoanalytiker ist als »Wortführer« ein
Vermittler der symbolischen Funktion, ohne die das Leben
nicht menschlich wäre.

Anmerkungen

Vorwort

1 »Säuglingsheime (pouponnières) haben die Aufgabe, Kinder, die nicht im Schoße ihrer Familie bleiben und auch nicht in einer anderen Familie untergebracht werden können, bis zu ihrem vollendeten dritten Lebensjahr Tag und Nacht zu betreuen.« (Art. 1, Absatz 1 aus der Verordnung vom 15. Januar 1974 zur gesetzlichen Regelung der Säuglingsheime). Es gibt in Frankreich zwei Arten von Säuglingsheimen: die medizinischen Säuglingsheime für Kinder, die einer besonderen ärztlichen Pflege bedürfen, die in der Familie nicht gewährleistet werden kann, und die sozialen. Von letzteren ist in diesem Buch die Rede.

2 Die Maison Verte ist eine von Françoise Dolto 1978 in Paris ins Leben gerufene Begegnungsstätte für Mutter und Kind.

3 Als *maternante* wird eine Säuglingsschwester bezeichnet, die im Säuglingsheim einem Kind zugeordnet wird und für dieses gewissermaßen die Funktion einer »Ersatzmutter« ausübt.

Auch Babys haben eine Sprache

1 Vasse, D., L'Ombilic et la voix, Éd. du Seuil, Paris 1974, S. 157.

2 Ebenda.

3 Vgl. Dolto, F., La Cause des enfants, Éd. Robert Laffont, Paris 1985.

4 In Frankreich billigt der Artikel 47 des Familiengesetzes jeder Frau das Recht zu, ein Kind zur Welt zu bringen, ohne die eigene Identität preiszugeben, damit die Geburt geheimgehalten werden kann. Diese gesetzliche Möglichkeit nennt man *accoucher sous X* (unter X gebären), da anstelle der Eltern im Geburtsschein ein »X« erscheint. Die Erzeuger haben die Möglichkeit, die Freigabe ihres Kindes zur Adoption innerhalb von drei Monaten zu widerrufen. Ist diese Frist verstrichen, übernimmt der Staat die Vormundschaft, und das Kind kann adoptiert werden. Frankreich ist das einzige Land der Europäischen Gemeinschaft, indem es eine anonyme Geburt gibt. In Deutschland kann die Mutter vor oder nach der Geburt den Wunsch äußern, ihr Kind zur Adoption freizugeben, sie kann aber nicht anonym bleiben. Vor der Geburt ist nur eine vorläufige Freigabe möglich; die Mutter behält das Recht, innerhalb einer Frist von acht Wochen nach der Geburt ihre Meinung zu ändern, erst danach gibt sie ihre unwiderrufliche und notariell beglaubigte Zustimmung.

5 Dem *conseil de famille* (Familienrat) gehören Vertreter staatlicher Stellen sowie Fachleute aus dem jeweiligen Departement an, die jeweils auf drei Jahre gewählt werden. In Deutschland gibt es keine entsprechende Stelle, die Ent-

scheidung zur Adoption trifft das Jugendamt bzw. die Adoptionsvermittlungsstelle.

6 Nachdem ich zuvor geschrieben habe, daß ich die Kinder nicht berühre, mag diese Geste seltsam erscheinen. Es handelt sich dabei aber um eine ganz bewußte Geste, die von einem sprachlichen Kommentar begleitet wird und der Wahrnehmung des eigenen Körpers dient.

7 Das Säuglingsheim in Antony gliedert sich in »Lebensbereiche«, die sich aus jeweils 24 Kindern und zwei Gruppen von Betreuern (eine vormittags, eine nachmittags) zusammensetzen. Die für den Bereich verantwortliche Kinderpflegerin oder Krankenschwester leitet die Säuglingsschwestern und vertritt das Kind in allen Belangen. Sie empfängt auch die Eltern, informiert sie über die Institution, ihre Regeln und das Verhalten ihres Kindes im Heim.

8 Vasse, D., op. cit., S. 16.

9 Vasse, D., op. cit., S. 50.

10 Françoise Dolto war der Ansicht, daß nerven- oder angstbedingtes Fieber in Zusammenhang mit einer Geburtsregression zu sehen sind: Denn das erste Mal, daß man abrupt von einer zur anderen Temperatur wechselt, ist zum Zeitpunkt der Geburt. Personen, die in diesem Moment einer Gefahr ausgesetzt waren, können für ihr ganzes Leben eine körperliche Anfälligkeit bewahren. Wenn ein Kind Angst hat, empfindet es »plötzliche Kälte« und reagiert mit »plötzlicher Hitze«. (Dialogues québécois, Éd. du Seuil, Paris 1987, S. 93)

11 Vgl. Dolto, F., Dialogues québécois, S. 39.

12 Gegenübertragung: »Gesamtheit der unbewußten Reaktionen des Analytikers auf die Person des Analysanden und in besonderer Weise auf dessen Übertragung.« Laplanche, J., und Pontalis, J.-B., Vocabulaire de la psychanalyse. deutsche Ausgabe: Das Vokabular der Psychoanalyse, Frankfurt./M 1989, S. 164.

13 Dolto, F., Der Fall Dominique, Suhrkamp Verlag, Frankfurt/M. 1973, S. 33.

14 Dolto, F., Dialogues québécois, op. cit., S. 140.

15 Widlöcher, D., »Le cas, au singulier«, in: Histoires de cas. Nouvelle revue de psychanalyse, 42, Herbst 1990, S. 285–302.

16 Diese Projekte sind zum Großteil von Männern in den USA und in Frankreich ausgeführt worden. Ist das eine einfache Koinzidenz oder eine Konsequenz der Veränderung im Verhalten der Väter zu ihren Kindern? Väter, die sich von Geburt an um ihre Kinder kümmern, werden dadurch jedenfalls sozial aufgewertet. Doch müssen Säuglinge, wenn sie das Interesse der Väter auf sich ziehen, automatisch auch zu Forschungsobjekten der Wissenschaftler werden?

17 Mehler, J., Dupoux, E., Naître humain, Éd. Odile Jacob, Paris 1990, S. 24.

18 Grenier, A., »La ›motricité libérée‹ par fixation manuelle de la nuque au cours des premières semaines de vie«, in: Arch. Fr. Pediatr., 38, 1981, S. 557–561.

19 Aronson, E., Rosenblum, S., »Space Perception in Early Infancy: Perception with a Common Auditory-Visual Space«, in: Science, 172, 1971, S. 1161–1163.

20 Montagner, H., L'Attachement, les débuts de la tendresse, Éd. Odile Jacob, Paris 1988, S. 55–59.

21 Trevarthen, C., Hubley, P., Sheeran, L., »Les activités innées du nourrisson«, in: La Recherche, 56, Mai 1975, S. 447–458.

22 Dolto, F., La Cause des enfants, op. cit., S. 99–113.

23 »Les surprenants calculs des bébés« (»Die erstaunlichen Rechenfähigkeiten der Babys«), Le Figaro, 31. August 1992. In diesem Artikel wird mit Begeisterung von Karen Wynns Arbeiten berichtet, die in der Zeitschrift Nature (27. August 1992) erschienen sind.

24 Widlöcher, D., op. cit., S. 293.

25 Vgl. Hochmann, J., Jeannerod, M., Esprit où es-tu? Psychanalyse et neurosciences, Éd. Odile Jacob, Paris 1991, S. 56.

26 Diatkine, R., »La psychanalyse et le psychisme de l'enfant. Rencontre ›en pays fertile‹ ou dans le désert«, in: Psych. de l'enfant, XXXIV, 1, 1991, S. 99–122.

27 Montagner, H., op. cit., S. 30.

28 Cyrulnik, B., La Naissance du sens, Hachette, Paris 1991, S. 83.

29 Winnicott, D. W., La Consultation thérapeutique et l'enfant, Gallimard, Paris 1971, S. 5.

30 Atlan, H., Tout, non, peut-être, Éd. du Seuil, Paris 1991, S. 101.

Papa hat Mama getötet

1 Green, A., »L'Enfant modèle«, Nouvelle revue de psychanalyse, 19, 1979, S. 27–47.

2 Dolto, F., Der Fall Dominique, op. cit., S. 217.

Mathias, das Kind, das eine Katze sein wollte

1 Raimbault, G., »Simon un nanisme psychosocial«, Clinique du Réel, Éd. du Seuil, Paris 1982, S. 63–77.

2 Dolto, F., Dialogues québécois, op. cit., S. 140.

3 Dolto, F., La Cause des enfants, op. cit., S. 208.

4 Seit 1983 ist die ASE dezentralisiert. Jedes Departement ist in Bezirke unterteilt, die jeweils eine Verwaltungseinheit bilden, die man »groupement de circonspection« (etwa: »Bereichsgruppe«) nennt. Jeder Gruppe, die sich aus mehreren Sozialarbeitern, einem Psychologen und einer Sekretärin zusammensetzt, steht ein »Inspektor« vor. Innerhalb der Gruppe gibt es stets eine Person, die für die Belange eines bestimmten Kindes zuständig ist, diese bezeichnet man auch als »Referent« des Kindes.

Die Zeit des Wartens und der Unsicherheit

1   Bericht des Conseil économique et social vom 26. September 1990.
2   Dolto, F., Lettres de l'école freudienne de Paris, Nr. 20, März 1977.
3   Vgl. Anmerkung 5 zum 1. Kapitel.
4   Art. 350 des Code civil: Ein Kind, das von Privatleuten, einer privaten Institu-
    tion oder einer Stelle der ASE aufgenommen wurde und dessen Eltern sich
    offensichtlich während des Jahres, das der Einreichung des Gesuchs auf eine
    Verlassenheitserklärung vorausgeht, nicht um das Kind gekümmert haben,
    kann vom Landgericht als verlassen erklärt werden. In Deutschland kann
    eine nicht erteilte Einwilligung der Eltern oder eines Elternteils in die Adop-
    tion gerichtlich »ersetzt« werden, »wenn dieser seine Pflichten gegenüber
    dem Kind anhaltend gröblich verletzt oder durch sein Verhalten gezeigt hat,
    daß ihm das Kind gleichgültig ist« (BGB, § 1748,1). Für die Feststellung an-
    haltender »Gleichgültigkeit« ist ein Zeitraum von mindestens sechs Monaten
    angesetzt.
5   Die entsprechende Frist in Deutschland beträgt acht Wochen. Vgl. Anmer-
    kung 4 zum 1. Kapitel.
6   Bonnet, C., Geste d'amour. L'accouchement sous X, Éd. Odile Jacob, Paris
    1990.
7   In Deutschland wird das Kind meist so schnell wie möglich den künftigen
    Adoptiveltern anvertraut, unter Vorbehalt der Acht-Wochen-Frist.
8   In einigen Entbindungsheimen in Frankreich, die für diese Art von Proble-
    men aufgeschlossen sind, wird dies bereits praktiziert.
9   Gorny, V., Priorité aux enfants, un nouveau pouvoir, Hachette, Paris 1991.
10 Art. 373: »Vater oder Mutter verlieren die Ausübung der elterlichen Gewalt
    oder sie wird ihnen vorübergehend entzogen, wenn einer der folgenden Fälle
    auf sie zutrifft: Wenn einer von ihnen außerstande ist, seinen Willen zu offen-
    baren, sei es aufgrund von Unfähigkeit, Abwesenheit, Entfernung oder
    irgendeines anderen Grundes …«
11 Art. 373-4: »Wenn weder Vater noch Mutter imstande sind, die elterliche Ge-
    walt auszuüben, wird ein Vormundschaftsverfahren eingeleitet.«
12 Erlaß Nr. 74-930 vom 6. November 1974: »Die Vormundschaft des Staates
    sieht weder einen Familienrat noch einen Gegenvormund vor.«
13 Art. 350: Der legitimierte Status eines Kindes bildet keinen Hinderungsgrund
    für die Anwendung des Art. 350, und »die rechtliche Anerkennung des Kin-
    des« ist allein kein ausreichender Beweis eines vorhandenen Interesses, der
    die Abweisung eines Gesuchs auf Verlassenheitserklärung rechtfertigen
    könnte.
14 Art. 351: Im Falle eines ehelichen Kindes, dessen Eltern gemeinsam die El-
    ternrechte haben, muß der Antrag auf Wiederanerkennung der Rechte von
    Vater und Mutter gemeinsam gestellt werden.
15 Art. 352: Im Falle einer Unterbringung des Kindes in Hinblick auf eine Adop-
    tion ist die Rückkehr des Kindes in die Ursprungsfamilie nicht möglich.

16 Spitz, R. A., Maladies des carences affectives chez le nourrisson, in: De la Nais-
    sance à la parole, Presses universitaires françaises, Paris 1968, S. 206–225.
17 Anaklitisch bedeutet soviel wie »einer Stütze beraubt«. Spitz verwandte diese
    Konzept, um die Depression bei Erwachsenen von jener, die bei Säuglingen
    auftritt, zu unterscheiden. »Die anaklitische Wahl des Objekts wird von der Ab-
    hängigkeit des Säuglings von einer Person, die ihn nährt, schützt und sich ihm
    liebevoll zuwendet, bestimmt. Freud war der Ansicht, daß sich am Anfang der
    Trieb anaklitisch entfaltet, das heißt, daß er auf die Befriedigung des Grundbe-
    dürfnisses zu überleben abzielte.« (Spitz, R. A., Le Non et le oui: la genèse de
    la communication humaine, Presses universitaires françaises, Paris 1976).
18 Die Aberkennung des Elternrechts, so wie es in Frankreich gehandhabt wird,
    gibt es in Deutschland nicht mehr. Wenn ein Kind in Gefahr ist (in körperli-
    cher, moralischer oder psychischer Hinsicht), kann das Vormundschaftsgericht
    Maßnahmen zum Schutz des Kindes ergreifen, die bis zum völligen Entzug
    des Sorgerechts gehen. Es wird jedoch stets darauf geachtet, das Prinzip der
    Verhältnismäßigkeit einzuhalten. Das elterliche Sorgerecht wird oft nur teil-
    weise entzogen (meist z. B. nur das Aufenthaltsbestimmungsrecht), und dies
    auch nur bei groben Verstößen. Das Elternrecht besteht seiner Substanz nach
    fort.

Epilog

1 Vgl. die Einleitung von Dominique Lecourt zu: Cyrulnik, B., La Naissance du
   sens, op. cit., S. 7–22.

Bibliographie

APRIÈS, P., *L'Enfant et la vie familiale sous l'Ancien Régime*, Plon, Paris 1960. (Geschichte der Kindheit, Hanser, 2. Aufl., München 1976).

ARONSON, E., ROSENBLUM, S., »Space Perception in Early Infancy«, in: *Science, 172*, 1971, S. 1161–1163.

ATLAN, H., *Tout, non, peut-être*, Éd. du Seuil, Paris 1991.

AUBRY, J., »Influence de la famille sur le développement du jeune enfant«, in: *Le bloc-note de la psychanalyse*, 1992 Nr. 11, S. 2191.

AULAGNIER, P., *La Violence de l'interprétation*, Presses universitaires françaises, Paris 1975.

BADINTER, E., *L'Amour en plus*, Flammarion, Paris 1980. (Die Mutterliebe, Piper, München 1982).

– *XY de l'identité masculine*, Éd. Odile Jacob, 1992. (XY – die Identität des Mannes, Piper, München 1993).

BAR-ON, D., *L'Héritage infernal, des filles et des fils de nazis racontent*, Eshel, Paris 1991.

BETTELHEIM, B., *Le Blessures symboliques*, Gallimard, Paris 1971. (Die symbolischen Wunden, Kindler, München 1975).

– *Le Poids d'une vie*, Éd. Robert Laffont, Paris 1991.

BONNET, C., *Geste d'amour, l'accouchement sous X*, Éd. Odile Jacob, Paris 1990.

BOWLEY, J., »Soins maternels et santé mentale«, O.M.S., Genève 1951.

BRAZELTON, B.T., »Behavioral Competence of the Newborn Infant«, in: *Semin. Perinatol.*, 3, 1979, S. 35–44.

BRUNER, J., *...car la culture donne forme à l'esprit*, Eshel, Paris 1991.

CAPUL, M., *Abandon et marginalité, les enfants placés sous l'Ancien Régime*, Privat, Paris 1989.

CERTEAU, M. DE, *Histoire et psychanalyse entre science et fiction*, Gallimard, Paris

CRAMER, B., *Profession bébé*, Calman-Lévy, Paris 1989. (Frühe Erwartungen: unsichtbare Bindung zwischen Mutter und Kind, Kösel, München 1991).

CYRULNIK, B., *Sous le signe du lien*, Paris 1989.

– *La Naissance du sens*, Hachette, Paris 1991 (Was hält mein Hund von meinem Schrank? dtv, München 1995).

DAVID, M., APPEL, G., »Étude des facteurs de carence affective dans une pouponnière«, in: *Psych. de l'enfant*, 4, 1972, S. 407–442.

DIATKINE, R., »La psychanalyse et le psychisme de l'enfant«, *Psych. de l'enfant*, 1, 1991, S. 99–122.

DIATKINE, R., SIMON, J., *La Psychanalyse précoce*, Presses universitaires françaises, Paris 1972. (Der Fall Carine, Kindler, München 1981).

DOLTO, F., *La Cause des enfants*, Éd. Robert Laffont, Paris 1985. (Zwiesprache von Mutter und Kind: Die emotionale Bedeutung der Sprache, Kösel, München 1988 und Mein Leben auf der Seite der Kinder: Eine ungewöhnliche Therapeutin erzählt, Kösel, München 1989).

– *Le Cas Dominique*, Éd. du Seuil, Paris 1971. (Der Fall Dominique, Suhrkamp, Frankfurt/M. 1973).

– *Dialogues québécois*, Éd. du Seuil, Paris 1987.

– *Lettres de l'école freudienne à Paris*, Nr. 20, März 1977.

ECCLES, J.C., *Évolution du cerveau et création de la conscience*, Fayard, Paris 1992. (Die Evolution des Gehirns – die Erschaffung des Selbst, Piper, München 1989)

EDELMANN, G. M., *Biologie de la conscience*, Éd. Odile Jacob, Paris 1992.

FREUD, S., Drei Abhandlungen zur Sexualtheorie, Fischer, Frankfurt/M. 1991.

GORNY, V., *Priorités aux enfants, un nouveau pouvoir*, Hachette, Paris 1991.

GRENIER, A., »La motricité libérée«, in: *Arch. Fr. Pediatr.* 38, 1981, S. 557–561.

GUILLERAULT, G., *Le Corps psychique*, Éd. Universitaires Begedes, Paris 1989.

HOCHMANN, J., JEANNEROD, M., *Esprit où es-tu? Psychanalyse et neurosciences*, Éd. Odile Jacob, Paris 1991.

HURSTEL, F., *La Fonction paternelle aujourd'hui en France*, Doktorarbeit, Université Louis Pasteur, Straßburg 1991.

KREISLER, L., *L'Enfant du désordre psychosomatique*, Privat, Paris 1981.

LACAN, J., *Le Séminaire, livre VII, L'Éthique de la psychanalyse*, Éd. du Seuil, Paris 1986.

– *Le Séminaire, livre VIII, Le transfert*, Éd. du Seuil, Paris 1991.

LEBOVICI, S., MAZET, P., VISIER, J.P., *L'Évaluation des interactions précoces entre le bébé et ses partenaires*, Eshel, Paris 1989.

LEGENDRE, P., *Le Dossier occidental de la parenté*, Fayard, Paris 1988.

LEROI-GOURHAN, A., *Le Geste et parole*, Albin Michel, Paris 1964. (Hand und Wort, Suhrkamp, Frankfurt/M. 1980)

MEHLER, J., LAMBERTZ, G., JUSCZYK, P., AMIEL-TISON, C., »Discrimination de la langue maternelle par le nouveau-né«, in: *C. R. Acad. Sc.* Paris, Bd. 303, Serie III, Nr. 15, 1986.

MEHLER, J., DUPOUX, E., *Naître humain*, Éd. Odile Jacob, Paris 1990.

MILLER, A., *C'est pour ton bien – Racines de la violence dans l'éducation de l'enfant*, Aubier, Paris 1984. (Am Anfang war Erziehung, Suhrkamp, Frankfurt/M. 1980).

MONTAGNER, H., *L'attachement, le début de la tendresse*, Éd. Odile Jacob, Paris 1988.

RACAMIER, P.C., »Étude clinique des frustrations précoces«, in: *Revue francaise psychanalytique*, Paris 1953 und 1954, Bd. XVII, Nr. 3, S. 328–350 und Bd. XVIII, Nr. 4, S. 576–631.

RAIMBAULT, G., »Simon un nanisme psychosocial«, in: *Clinique du Réel*, Éd. du Seuil, Paris 1982, S. 63–77.

ROSE, S., *Le Cerveau conscient*, Éd. du Seuil, Paris 1973.

ROSENFIELD, I., *L'Invention de la mémoire*, Eshel, Paris 1989.

SANS, P., *Soins et placement en familie d'acceuil*, Presse Universitaire de Nancy, 1991.

SPITZ, R.A., *De la naissance à la parole*, Presses universitaires françaises, Paris 1968. (Vom Säugling zum Kleinkind, Klett-Cotta, Stuttgart 1987).

– *Le Non et le oui: la genèse de la communication humaine*, Presses universitaires française, Paris 1976. (Nein und Ja. Die Ursprünge der menschlichen Kommunikation, Klett-Cotta, Stuttgart 1978).

STENGERS, I., SCHLANGER, J., *Les Concepts scientifiques, invention et pouvoir*, Gallimard, Paris 1991.

STERN, D., *Le Journal d'un bébé*, Calman-Lévy, Paris 1992. (Tagebuch eines Babys, Piper, München 1991).

TREVARTHEN, C., HUBLEY, P., SHEERAN, L., »Les activités innées du nourrisson«, in: *La Recherche*, 56, Mai 1975, S. 447–458.

VASSE, D., *Le Poids du réel, la souffrance*, Éd. du Seuil, Paris 1983.

– *L'Ombilic et la voix*, Éd. du Seuil, Paris 1974.

WEYERGANS, B., *La Vie d'un bébé*, Gillmard, Paris 1986.

WIDLÖCHER, D., »Le cas, au singulier«, in: *Histoires de cas. Novelle revue de psychanalyse*, 42, Gallimard, Paris 1990, S. 285–302.

WINNICOTT, D.W., »Discussion au Symposium consacré à l'observation directe de l'enfant au XXe congrès international de psychanalyse«, in: *Revue française psychanalytique*, Paris 1958, Bd. XXII, Nr. 2, S. 205–212.

– *La consultation thérapeutique et l'enfant*, Gallimard, Paris 1971. (Die therapeutische Arbeit mit Kindern, Kindler, München 1973).

FÜR EINE KINDHEIT
OHNE ROLLENKLISCHEES

Almut Schnerring | Sascha Verlan
DIE ROSA-HELLBLAU-FALLE

»Die Welt der Kinder teilt sich heut emehr denn je schon ab Geburt in Rosa und Hellblau, zerfällt in jeder Spielzeugabteilung in pinkfarbene Prinzessinnen auf der einen, schwarze Monster und Kämpfer auf der anderen Seite. Dieses merkwürdige Paradox beleuchtet das Ehepaar Schnerring-Verlan von allen Seiten. (…) Eine differenzierte, immer erhellende Darstellung.«
Kathrin Meier-Rust, NZZ am Sonntag
256 Seiten, Broschur, ISBN 978-3-88897-938-5

VERLAG ANTJE
KUNSTMANN

Psychologie – Analyse – Therapie

David Adam
Zwanghaft
Wenn obsessive Gedanken
unseren Alltag bestimmen
Übers. v. U. Pesch
ISBN 978-3-423-26049-7

Mahzarin R. Banaji
Anthony G. Greenwald
Vor-Urteile
Wie unser Verhalten unbe-
wusst gesteuert wird und
was wir dagegen tun können
Übers. v. E. Heinemann
ISBN 978-3-423-26071-8

Gian Domenico Borasio
Über das Sterben
Was wir wissen. Was wir tun
können. Wie wir uns darauf
einstellen.
ISBN 978-3-423-34807-2

Hans-Joachim Maaz
Die narzisstische Gesellschaft
Ein Psychogramm
ISBN 978-3-423-34821-8

Viktor E. Frankl
Ärztliche Seelsorge
Grundlagen der Logotherapie
und Existenzanalyse
ISBN 978-3-423-34427-2

Ursula Nuber
Lass die Kindheit hinter dir
Das Leben endlich selbst
gestalten
ISBN 978-3-423-34708-2

Verena Kast
Märchen als Therapie
ISBN 978-3-423-35021-1

Der Schatten in uns
Die subversive Lebenskraft
ISBN 978-3-423-35160-7

Daniel Rettig
Die guten alten Zeiten
Warum Nostalgie uns
glücklich macht
ISBN 978-3-423-26013-8

Ian Robertson
Macht
Wie Erfolge uns verändern
Übers. v. D. Mallett
ISBN 978-3-423-34822-5

Heinz-Peter Röhr
Narzißmus
Das innere Gefängnis
ISBN 978-3-423-34166-0

Wege aus der Abhängigkeit
Destruktive Beziehungen
überwinden
ISBN 978-3-423-34463-0

**Die Angst vor
Zurückweisung**
Was Hysterie wirklich ist und
wie man mit ihr umgeht
ISBN 978-3-423-34620-7

Wörterbuch Psychologie
Von Werner D. Fröhlich
Überarb. und erweit. Ausgabe
ISBN 978-3-423-34625-2

Bitte besuchen Sie uns im Internet: www.dtv.de

Hilfe zur Selbsthilfe

Christina Berndt
Resilienz
Das Geheimnis der psychischen Widerstandskraft
Was uns stark macht gegen Stress, Depressionen und Burnout
ISBN 978-3-423-34845-4

Martin Betschart
Ich weiß, wie du tickst
Wie man Menschen durchschaut
ISBN 978-3-423-34739-6

Bruno Bettelheim
Kinder brauchen Märchen
Übers. v. L. Mickel und B. Weitbrecht
ISBN 978-3-423-35028-0

Diana Dreeßen
Mach dich unbeliebt und glücklich und nimm dir vom Leben, was du willst
ISBN 978-3-423-26050-3

Rolf Dobelli
Die Kunst des klugen Handelns
52 Irrwege, die Sie besser anderen überlassen
Mit Illustr. v. El Bocho und Simon Stehle
ISBN 978-3-423-34828-7

Oggi Enderlein
Große Kinder
Die aufregenden Jahre zwischen 7 und 13
ISBN 978-3-423-36220-7

Caroline Eliacheff
Das Kind, das eine Katze sein wollte
Psychoanalytische Arbeit mit Säuglingen und Kleinkindern
Übers. v. S. Farin
ISBN 978-3-423-35135-5

Christoph Emmelmann
Das kleine Lachyoga-Buch
Mit Lach-Übungen zu Glück und Entspannung
ISBN 978-3-423-34429-6

Der kleine Krisenhelfer
Mit Übungen für mehr Gleichgewicht im Leben
ISBN 978-3-423-34798-3

Sue Hadfield
Gill Hasson
Freundlich, aber bestimmt
Wie Sie sich beruflich und privat durchsetzen
Übers. v. B. Schäfer
ISBN 978-3-423-34758-7

Bitte besuchen Sie uns im Internet: www.dtv.de

Hilfe zur Selbsthilfe

Hilfe zur Selbsthilfe

Bitte besuchen Sie uns im Internet: www.dtv.de

Klug mit Gefühlen umgehen

Daniel Goleman
EQ. Emotionale Intelligenz
Übers. v. F. Griese
ISBN 978-3-423-36020-3

**Die heilende Kraft
der Gefühle**
Hg. v. Daniel Goleman
Übers. v. F. R. Glunk
ISBN 978-3-423-36178-1

Thomas Hohensee
Entspannt wie ein Buddha
Die Kunst, über den Dingen
zu stehen
ISBN 978-3-423-24836-5

Der innere Freund
Sich selbst lieben lernen
ISBN 978-3-423-34707-5

Glücklich wie ein Buddha
Sechs Strategien, alle
Lebenslagen zu meistern
ISBN 978-3-423-34737-2

Wie ich meine Angst verlor
und wie Ihnen das auch
gelingen kann
ISBN 978-3-423-26036-7

Bettina Lemke
Der kleine Glücksberater
ISBN 978-3-423-34663-4

Verena Kast
Der Schatten in uns
Die subversive Lebenskraft
ISBN 978-3-423-35160-7

Annemarie Postma
**Finde, indem du zu
suchen aufhörst**
Die heilende Kraft der
Akzeptanz
Übers. v. J. Pinnow
ISBN 978-3-423-24984-3

Bärbel Wardetzki
Ohrfeige für die Seele
Wie wir mit Kränkung
und Zurückweisung besser
umgehen können
ISBN 978-3-423-34057-1

**Mich kränkt so schnell
keiner!**
Wie wir lernen, nicht alles
persönlich zu nehmen
ISBN 978-3-423-34173-8

Kränkung am Arbeitsplatz
Strategien gegen Missachtung,
Gerede und Mobbing
ISBN 978-3-423-34710-5

Bitte besuchen Sie uns im Internet: www.dtv.de

Arno Gruen im dtv

»Arno Gruen ist der erste Psychoanalytiker, der von
Nietzsche geschätzt worden wäre.«
Henry Miller

Dem Leben entfremdet
Warum wir wieder lernen
müssen zu empfinden
ISBN 978-3-423-34836-2

Eine Kritik an unserer durch-
konstruierten Welt durch den
bedeutenden Psychoanalytiker
Arno Gruen.

Der Verrat am Selbst
Die Angst vor Autonomie
bei Mann und Frau
ISBN 978-3-423-35000-6

Heute aktueller denn je: der
Begriff der Autonomie, der
nicht Stärke und Überlegen-
heit meint, sondern die volle
Übereinstimmung des Men-
schen mit seinen eigenen Ge-
fühlen und Bedürfnissen.

Der Fremde in uns
ISBN 978-3-423-35161-4

Ausgezeichnet mit dem
Geschwister-Scholl-Preis 2001

Der Fremde in uns ist jener
uns eigene Teil, der durch die
Erfahrung von Unterdrück-
ung und Ablehnung verloren
gegangen ist.

**Der Wahnsinn der
Normalität**
Realismus als Krankheit:
eine grundlegende Theorie zur
menschlichen Destruktivität
ISBN 978-3-423-35002-0

Arno Gruen legt die Wurzeln
der Destruktivität frei, die
sich nicht selten hinter ver-
meintlicher Menschenfreund-
lichkeit oder »vernünftigem«
Handeln verbergen. Er führt
vor Augen, dass dort, wo
Innen- und Außenwelt aus-
einanderfallen, Verantwortung
und Menschlichkeit ausblei-
ben.

Der Verlust des Mitgefühls
Über die Politik der
Gleichgültigkeit
ISBN 978-3-423-35140-9

Das Buch entwickelt Wege,
wie wir uns der Politik der
Gleichgültigkeit bewusst werden und einen Ausweg aus der
Sackgasse zu immer mehr
Gewalt und weniger Mitge-
fühl finden können.

Krisen in Chancen verwandeln

Christina Berndt
Resilienz
Das Geheimnis der psychischen Widerstandskraft
Was uns stark macht gegen Stress, Depressionen und Burn-out.

ISBN 978-3-423-34845-4

Auch als eBook und Hörbuch lieferbar.

Resilienz nennen die Psychologen die geheimnisvolle Kraft, aus einer deprimierenden Situation wieder ins volle Leben zurückzukehren, Widerstand zu leisten gegen die Zumutungen der Umwelt; den Blick optimistisch nach vorn zu lenken, aus einer Selbstsicherheit heraus zu handeln, die den Großteil der Kritik abprallen lässt und gezielt nur das verwertet, was konstruktiv ist.

Die Autorin gibt praktischen Rat und zeigt Wege auf, wie man sich durch die großen und kleinen Krisen des Lebens manövrieren kann. Denn obwohl die Fundamente der psychischen Widerstandskraft schon in frühester Kindheit gelegt werden, lassen sie sich doch auch später noch aushärten, falls man die richtigen Strategien kennt.

»Umfassend und überzeugend ...
Es ist ein Ratgeber-Hausbuch, lebensbegleitend.«
kultur-punkt.ch

Bitte besuchen Sie uns im Internet: www.dtv.de

Entspannung für Körper und Geist

John O'Donohue
Die vier Elemente
Innere Kraft und Ruhe durch
die Weisheit der Natur
Übers. v. D. u. G. Bandini
ISBN 978-3-423-26037-4

William Hart
Die Kunst des Lebens
Vipassana-Meditation nach
S. N. Goenka
Übers. v. H. Bartsch
ISBN 978-3-423-34338-1

Bernt Hoffmann
**Handbuch Autogenes
Training**
Grundlagen, Technik,
Anwendung
ISBN 978-3-423-36208-5

Annemarie Postma
**Finde, indem du zu
suchen aufhörst**
Die heilende Kraft der
Akzeptanz
Übers. v. J. Pinnow
ISBN 978-3-423-24984-3

Christoph Emmelmann
Das kleine Lachyoga-Buch
Mit Lach-Übungen zu Glück
und Entspannung
ISBN 978-3-423-34429-6

Der kleine Krisenhelfer
Mit Übungen für mehr
Gleichgewicht im Leben
Mit Illustrationen
ISBN 978-3-423-34798-3

Thomas Hohensee
Entspannt wie ein Buddha
Die Kunst, über den Dingen
zu stehen
ISBN 978-3-423-24836-5

Glücklich wie ein Buddha
Sechs Strategien, alle
Lebenslagen zu meistern
ISBN 978-3-423-34737-2

Wie ich meine Angst verlor
und wie Ihnen das auch
gelingen kann
ISBN 978-3-423-26036-7

Bitte besuchen Sie uns im Internet: www.dtv.de

Liebe – Ehe – Partnerschaft

Erich Fromm
Die Kunst des Liebens
ISBN 978-3-423-36102-6

Arno Gruen
Der Verrat am Selbst
Die Angst vor Autonomie
bei Mann und Frau
ISBN 978-3-423-35000-6

Sven Hillenkamp
Das Ende der Liebe
Gefühle im Zeitalter unend-
licher Freiheit
ISBN 978-3-423-34693-1

Patty Howell, Ralph Jones
**Der kleine Beziehungs-
therapeut**
Zu zweit lieben lernen
Übers. v. C. Broermann
ISBN 978-3-423-34397-8

Klaus Koch
Bärbel Schwertfeger
Zu zweit am Ende
Phasen der Trennung
ISBN 978-3-423-36084-5

Hans-Joachim Maaz
Die Liebesfalle
Spielregeln für eine neue
Beziehungskultur
ISBN 978-3-423-34621-4

Die neue Lustschule
Sexualität und Beziehungs-
kultur
ISBN 978-3-423-34709-9

Peter Schellenbaum
Die Wunde der Ungeliebten
Blockierung und Verleben-
digung der Liebe
ISBN 978-3-423-35015-0

Das Nein in der Liebe
Abgrenzung und Hingabe in
der erotischen Beziehung
ISBN 978-3-423-35023-5

Anne Wilson Schaef
Die Flucht vor der Nähe
Warum Liebe, die süchtig
macht, keine Liebe ist
Übers. v. B. Jakobeit
ISBN 978-3-423-35054-9